KB102856

행복한 어느 노년의 이야기
가난한 선생
부자 농부

행복한 어느 노년의 이야기

가난한 선생

부자 농부

행복한 어느 노년의 이야기 가난한 선생

부자 농부

유쾌한 어느 노년의 이야기

가난한 선생

부자 농부

행복한 어느 노년의 이야기

가난한 선생
부자 농부

이은호 지음

와이즈 브레인

아름다워라, 노년의 삶이여

— 이은호 선배님의 자서전 『가난한 선생 부자 농부』에 부쳐

나태주(시인)

이메일로 보내온 원고를 읽었다. 고등학교(공주사범학교) 4년 선배이신 이은호 교장 선생님의 자서전 원고다. 가끔 다른 분들의 이런 종류의 원고도 보았는데 이분의 원고는 특별하다. 책의 핵심이 과거에 있지 않고 현재나 미래에 있기에 말이다.

대개 자서전 종류는 과거에 대한 회상과 기록으로 일관되는 것이 통상적 관례다. 그러니까 책의 핵심이 과거에 가 있다는 얘기다. 이렇게 자서전을 현재 중심, 미래지향으로 쓰는 분을 처음 보았다. 놀라운 일이다. 이것은 책을 쓴 주인공의 인생과 생각이 같음을 알 수 있다.

나는 이은호 선배님과 같은 직장(충남교육연수원)에서 근무한 적도 있다. 그때 이분의 성격이며 인격, 업무 스타일을 알게 되었다. 첫째는 솔직담백하다는 것이다. 그리고 매사의 처리에 적극적이고 분명하고 깔끔하다는 것이다. 또 하나는 긍정적이며 미래지향적이라는 것이다.

이러한 특성은 교직자, 특히 초등학교 교원에게서는 찾아보기 어

려운 면모다. 타고 난 바 천성적인 요인에다가 살면서 후천적으로 길러진 특성이지 싶다. 이러한 면모와 특성이 이분의 인생을 보다 활력 있게 열어가지 않았을까 싶다. 대단하신 면모다.

아닌 게 아니라 또래 되는 분들이 하나둘 세상을 떠나고, 건강이나 주변 여건이 나빠져 정상적으로 활동할 수 없는데도 이분만은 꿋꿋이 서서 자신의 인생길을 가고 있다. 독야청청이요 외길 인생, 용맹정진이다. 가히 인생의 모범이요 타인의 추종 불허 인생이다.

원고를 살펴보면 살아오면서 숱한 역경과 고난, 어려운 조건이 있었음에도 그것을 끝내 불굴의 의지로 극복하여 개척하고 좋은 쪽으로 바꾸어 나가는 내용들이 자주 나온다. 이러한 점은 과거 세대들에게나 오늘이나 미래 세대들에게 좋은 지침과 교훈을 줄 것이다.

의외로 인생의 핵심은 노년의 삶에 있다. 이걸 아는 사람이 많지 않다. 그뿐 아니라 이걸 실현해내는 분은 더욱 많지 않다. 그러기에 이은호 선배님의 인생은 특별하고 소중한 것이고 아름답기까지 한 것이고 놀랍고 감사한 인생이 되는 것이다.

　더하여 이분은 후반부 인생, 노년의 인생이 더욱 좋았다고까지 밝힌다. 전반부 교직 생활이 빈한하고 옹색한 삶이었다면 후반부 농부로서 다시 시작한 삶은 풍요롭고 행복하기까지 한 삶이었노라 고백한다. 다시 한번 놀랍고 경이로운 인생 고백이 아닐 수 없다.

　이은호 선배님, 부디 지금처럼 자신을 아끼시고 주변을 잘 살피시고 다스려 더욱 청청하고 아름다운 인생을 살아주십시오. 그리하여 당신의 인생역정이 뒤따르는 사람들의 모범이 되게 하시고 후세에 오는 사람에게도 귀감(龜鑑)이 되게 하여 주십시오.

　선배님 같은 분을 알게 되어 기쁘고, 더구나 책을 통해 선배님의 진면목(眞面目)을 알게 되어 기쁩니다. 더욱 건승하시고 인생에 다 감하시고 행복하시기, 후배로서 기원하는 바입니다.

2022년 9월 28일
공주풀꽃문학관에서

글을 쓰면서

창밖을 바라보고 있다. 하늘은 푸르고 새들은 즐겁게 노래한다. 어제 보았던 뭉게구름도 둥실둥실 떠다니고, 내가 심은 과일나무도 무럭무럭 자라 튼실한 열매를 맺고 있다. 모든 것은 그대로 내 책상 앞에 와 있다.

팔순 고개를 넘어 글을 쓰려고 하니 어디서부터 출발해야 할지 조심스럽다. 가난했던 어린 시절과 학구열에 불탔던 학창 시절, 강건한 투지를 길러준 군 생활도 빼놓을 수 없는 소중한 시간이었다.

내 젊음과 열정을 함께한 교직 생활도 중요하고 퇴직 후 시작한 농부로서의 삶도 소중했으며 건강한 노년을 보내기 위한 활동을 소홀히 할 수 없어 띄엄띄엄 이나마 기억을 끌어와 글로 남기려 한다.

행복한 삶이란 무엇인가? 건강한 삶이란 어떻게 살아야 하는가? 지나온 세월이 허둥지둥 바쁘게 살아온 삶이라면, 남은 인생은 어떻게 사는 것이 후회 없는 삶일까? 공허한 생각인지는 몰라도 이러한 것을 생각하면서 팔순의 삶을 반추해 본다.

현재의 삶에 만족하려고 한다. 정년퇴직하고 시작한 농부의 삶에

서 땀의 소중함을 찾고, 서예 활동할 때는 쓸데없는 잡념에서 벗어나 마음을 바르게 하려고 몰입하며, 등산, 탁구, 수영과 같은 운동을 통하여 건강을 유지하고 있다.

　가족들은 너무 무리하는 것 아니냐고 걱정한다. 걱정해 주는 가족이 있어 또한 행복하다. 일제강점기에 태어나, 6·25 한국전쟁의 고비를 넘기고, 산업화와 민주화를 성공적으로 이룬 대한민국에서 살고 있다는 자체가 가슴 뿌듯하다.

　이 책을 낼 수 있도록 물심양면으로 도움을 준, 사랑하는 가족과 제자들, 끈끈한 인연을 소중하게 생각하며, 행복하고 아름다운 인생을 만들 수 있도록 힘과 용기를 준 수요산악회, 복지관, 탁구장, 수영장, 고향의 모든 지인에게 감사와 고마움을 전한다.

2022년 8월 그믐날
내가 나고 자란 충청남도 공주에서
이 은 호

차례

제3장 행복한 가정과 지혜로운 인생

제 1 장

건강한 노년과
슬기로운 생활

노년의 큰 선물, 규칙적인 생활

사람들은 모두 건강하게 오래 살고 싶어 한다. 청춘일 때는 노년을 그리워하기도 하지만, 노년이 되고 보니 젊은 청춘이 그립다. 청춘으로 돌아가 젊게 살 수 없으니 노년을 건강하게 즐기면서 살려고 한다.

후회 없이 살 수는 없겠지만 최대한 만족하면서 행복하게 살고 싶다. 언제나 청춘일 것 같았는데, 나이 들어 아픈 곳이 생겨나고 병원에 다니다 보니 노년을 건강하고 행복하게 사는 것이 얼마나 중요한지 실감한다.

내가 아플 때, 나로 인해 고생했던 가족들을 생각하니, 건강보다 소중한 것은 없다는 사실을 알게 되었다. 건강하게 살면서 자녀와 손주들이 예쁘게 성장하는 모습도 보고, 그동안 고생한 아내에게

받은 빚을 조금이나마 덜고 싶다. 이러한 꿈을 꾸면서 지난 팔십 년 세월을 정리해본다.

가난했던 어린 시절

주마등처럼 지나갔다. 지금 아이들에겐 꿈같은 이야기로 들리겠지만, 먹을 것이 없던 나의 어린 시절에는 벚나무 열매나 진달래, 아까시나무 꽃잎으로 허기를 채워야 했다.

어디 그뿐인가? 소에게 풀을 뜯게 하면서도 찔레나무와 삘기라 불리는 백모의 어린 순을 먹을 정도로 가난했다.

맛으로 먹는 것이 아니라, 오로지 배고픔을 견뎌내기 위해 어쩔 수 없이 먹어야 했던 일들이다. 진성의 보릿고개 노래 가사, 초근목피, 풀피리가 생각난다. 특히 어머니께서 해주신 쑥떡을 맛있게 먹던 일을 생각하니 울컥한 마음이 눈 앞을 가린다.

햇살처럼 포근한 어머니, 싸리문 밖까지 나와서 배웅해 주시던 어머니, 너무 일찍 세상을 떠나 젊은 시절만 기억할 수 있는 어머니다. 자식 뒷바라지에 온몸을 던져 고생하신 어머니 이야기를 어떻게 다 담을 수 있을까? 눈물이 앞을 가려 한참을 울었다.

아버지도 일만 하시던 모습밖에는 생각나지 않는다. 만물이 소생하는 봄이나 한낮의 푹푹 찌는 삼복더위도 잊고 일을 해야 했고, 황금 물결이 출렁이는 수확의 계절 가을뿐이 아니라, 흰 눈이 하얗게 내리는 농한기라는 겨울에도 살을 에는 듯한 추위를 참으며 가마니를 짜서 팔아야 했다. 그렇게 해야만 보릿고개의 고비를 넘길 수 있었다.

젊은 세대들이야 '보릿고개'라는 말이 낯설겠지만, 내 세대에서는 당연하게 겪는 고개였다. 쌀이 떨어지고 보리를 수확하기 전이라, 먹을 음식이 부족하다 보니 돈이 되는 일이라면 하지 않을 수 없는 눈물의 고개였다.

농사와 학교생활

초등학교 입학 전부터 농사일을 도와야 했다. 학교도 다니지 않은 아이지만 가장 많이 하는 일은 논밭의 잡초를 뽑는 김매기였다. 김매기를 하다가 아버지께서 농기구나 새참을 가져오라고 하면 집에 달려가서 가져왔다.

초등학교 때는 산에 가서 솔방울도 주워오고, 밭에 가서 농작물을 심거나 배추를 수확하기도 했다. 곡식을 수확할 때, 허수아비 옆에서 참새 쫓는 일도 해야 했으니 낮에 숙제하는 일은 하늘의 별 따기만큼 힘들었다.

중학교와 사범학교 다닐 때도 아버지와 어머니를 도와 일을 하고 달빛 아래에서 공부했다. 그렇지 않으면 공부 잘하는 친구들을 따라갈 수 없어 일찍부터 계획을 세워서 했다. 이러한 생활이 규칙적인 생활을 하는데 밑거름이 되었다.

나뿐만 아니라 우리 시대의 산업일꾼들은 열심히 앞만 보고 살아왔다. 부자나라, 강한 나라에 사는 선물을 준 것 같다. 꿈같은 일이 이루어진 것이다.

가장 중요한 것은 돈도 아니고, 명예도 아니고, 건강이다. 내가 건강해야 가족도 건강하게 생활할 수 있다. 그러한 점에서 건강한 생활을 하는 많은 사람을 만나 지혜를 얻으려 한다.

계룡산 등산가 이 교수

충남 공주에는 계룡산이 있다. 공주, 계룡, 논산에 걸쳐 있는 명산이다. 등산객들은 공주 갑사에서 시작해 동학사로 넘어가는 등산 코스를 많이 이용한다.

이 교수는 대학에 있을 때부터 계룡산 등산을 하고 있다. 일요일마다 빠짐없이 하며, 정년퇴임 후에는 1주일에 2~3번씩 규칙적으로 체력에 맞게 속도와 등산로를 조절해서 하고 있다.

등산은 어려우면 쉬어 갈 수 있어 좋고, 쉬고 있다 보면 다른 일행과 같이 갈 수 있어 좋다. 이 교수는 공주에서 올라가는 계룡산 등산로를 자신에게 적합한 것으로 생각하고 오르고 있으며, 건강을 위한 최고의 보약으로 여겼다. 나 또한 계룡산을 자주 등산하는데, 건강에 많은 도움이 되는 것 같아 좋다.

90 노령의 이 원장

공주에는 유네스코 세계문화유산으로 등재된 공산성이 있다. 공산성은 금강을 끼고 있고 둔치 공원이 있어 산책하기 좋다. 평일에 공산성과 둔치 공원을 산책하곤 하는데, 이곳에서 90 나이에도 병원을 운영하는 이 원장을 만난다.

이 원장을 따라 가끔 공산성과 둔치 공원을 산책하다 보면 코스가 조금씩 다르다. 같은 길만 다니면 밋밋하지만 색다른 길을 찾아 다니면 두뇌가 건강해진다는 것이 이 원장의 생각이다.

나도 공산성과 둔치 공원을 산책할 때는 출발지점과 도착지점을 달리한다. 무심코 걸어 다닐 때와 달리 긴장하게 되고, 보지 못했던 자연을 즐길 수 있어 좋다.

산책이 끝나고 나면 안도감과 함께 정신이 번쩍 들기도 한다.

낯선 장소를 선택하면 뇌는 새로운 것에 노출되어 적극적으로 활동하게 되고, 뇌가 움직이다 보니, 뇌 건강에 도움이 되는 것 같아 이어갈 생각이다.

이 원장이 존경스럽고, 나이는 숫자에 불과하다는 생각이 든다. 운동하지 않는 것을 나이 핑계로 돌리는 어리석음은 범하지 말아야 한다.

걷는 것을 생활화하는 87세 김 선생

복지관에서 우연히 만나 알게 된, 김 선생이 있다. 공주대학교 사범대학을 졸업하고, 40여 년간 중등교육계에 몸담아 오다가 정년퇴임을 했는데, 건강을 위하여 걷는 것을 생활화한다.

자가용 없이 가까운 거리는 걸어 다닌다. 공주시종합사회복지관을 오는 데도 30분 이상 걷는데 습관이 돼서 어려워하지 않는다.

내 건강은 내가 지켜야 한다면서 버스나 택시도 타지 않는다. 한번 타면 계속 타고 다닐 것 같아서 아예 버스표를 가져오지 않는다. 정말 대단한 의지다.

허준의 동의보감에 '좋은 약을 먹는 것보다 좋은 음식을 먹는 게 낫고, 좋은 음식을 먹는 것보다 걷는 게 더 좋다.'는 글이 있다. 그만큼 걷는 것이 건강에 좋다. 힘이 닿는 한 걷자.

건강 이상 신호 감지

몸에 신경 쓰게 된 것은 75kg의 과체중과 기관지 천식 때문이다. 특히 기관지 천식은 삶에 크나큰 고통이었다. 1985년도 공주교육지원청 장학사 시절이다.

영명고등학교 뒷산을 넘어 옥룡동 봉화대를 오르는데, 몸은 무겁고 숨이 차서 오를 수 없었다. 너무나 힘들어서 가다가 서다가를 반복했다. 또 한번은 교장 시절이었다.

퇴근하고 산성공원을 걷는데, 숨이 차서 올라가다가 멈춰서기를 반복했다. 고생하는 나를 보고 지나가는 젊은이가 부축했다. 이대로는 안 되겠다는 생각이 들어 건강관리를 시작했다.

건강한 습관

세계보건기구(WHO)에서 사망 위험 요인으로 고혈압, 흡연, 비만, 과일 섭취 부족을 들고 있다. 나는 흡연과 비만은 해결했는데, 고혈압과 과일 섭취는 늘 신경이 쓰였다.

채소와 과일은 색깔별로 골고루 먹고, 물은 하루 권장 섭취량인 1.5ℓ ~ 2ℓ 정도를 챙겨 먹고 있다. 또한 끼니 거르는 나쁜 습관을 만들지 않으려고 간식도 먹지 않고 있다.

좋은 습관이 건강을 지킨다는 말이 있듯, 올바른 생활 습관을 통해 혈압을 정상으로 유지하려고 노력한다. 급격한 체중 변화가 오면 건강 이상 신호라는 사실을 인지하고 곧바로 의사를 찾아가 진료를 받는다.

재물을 잃으면 작은 것을 잃고, 명예를 잃으면 큰 것을 잃는 것이며 건강을 잃으면 모두를 잃는다는 말이 있다. 건강을 잃으면 돈도 명예도 가족도 모두 잃는다는 사실을 알고 건강에 유익한 습관을 만들어 나가고 있다.

규칙적인 생활

새벽 4시에 일어나 미지근한 물 1잔을 마시고, 1시간 정도 몸풀기 운동을 한다. 그리고 혈액순환에도 좋고, 잠 깨는 데 도움이 되는 귀를 마사지한다. 다음으로 심장 역할을 하는 종아리 마사지를 5분 정도 한 다음, 다리펴기와 팔운동, 기지개 켜기로 몸풀기 운동을 한다. 몸풀기 운동이 끝나면 5시에 수영장에 가서 2시간 정도 운동한다.

8시쯤 아침 식사를 한 다음, 책을 읽거나 컴퓨터로 필요한 자료들을 찾아본다. 12시 점심 식사를 하고 30분 후, 복지관에 간다. 화요일과 목요일은 서예 교실, 수요일에는 수요산악회, 농장에 가지 않는 날에는 탁구장에 간다.

저녁은 6시에 먹는데, 위의 70% 이상 넘지 않도록 소식한다. 간단하게 몸을 움직인 다음, 컴퓨터로 일과를 정리하고 9시에 잠을 잔다. 되도록 누워있지 않고 움직이면서 건강관리를 철저히 하다 보니 75kg의 체중이 65kg으로 줄어들고 몸이 가벼워졌다.

바른 자세 걷기

- 배에 힘을 주고 등을 곧게 하고 걷는다.
- 턱은 당기고 팔은 자연스럽게 흔들면서 걷는다.
- 발을 옮길 때는 뒤꿈치부터 착지한다.
- 엉덩이가 나오지 않도록 하고 걷는다.
- 눈은 앞을 보고 걷는다.
- 햇볕은 받아야 하지만 내리쬐는 자외선을 피해서 걷는다.
- 호흡은 발의 리듬에 맞춰서 한다.
- 체력에 맞게 걸으면서 시간을 조절한다.

복지관 생활

내가 살던 시절에는 가난했다. 일제강점기 때 태어났고 6·25 한국전쟁을 겪었으니 먹고 사는 문제가 가장 컸다. 아버지께서는 쌀이 없어 동네 사람 보기가 창피하여 왕겨 가마를 싸놓았다고 하니 그 당시에 얼마나 가난하였는지 짐작이 간다.

먹을 것이 없으니 기운이 없고, 기운이 없으니 건강하지도 못했다. 지금이야 먹을 것도 풍족하고 아프면 병원에 가지만, 먹을 것도 없고, 병원 가기도 어려워 고기가 보약이었다. 아픈 사람이 있으면 어떻게든 고기를 구해 먹이려고 했을 정도로 먹지 못하여 아픈 일이 많았다.

세상이 많이 변했다. 육체노동으로 돈을 버는 과거와 다른 세상이다 보니 운동 부족으로 인해 복부비만을 불러오고 건강을 잃는다. 적당히 먹고 꾸준히 운동하는 것이 최고의 건강생활이 아닌가 생각한다.

첫 운동, 테니스

공주는 백제의 수도이자 교육도시다. 집에서 몇 걸음만 옮기면

사적 제12호인 공산성이 있고 조금 더 가면 무령왕릉도 있으며, 공주대학교와 공주교육대학교가 있는 교육도시다.

평온하고 아담한 도시다. 공주교육대학교부설초등학교 교장 시절에 직원들과 같이 테니스를 시작했으나 오래 가지 못했다. 테니스 라켓이 무겁기도 하고 혼자 하는 운동이 아니었기 때문이다. 무척 아쉽고 서운했다. 그때 치던 테니스 라켓을 버리지 못하고 지금도 보관하고 있다.

운동도 때가 있다. 마음은 청춘이지만 몸이 따라주지 않아, 과격

한 운동을 피하고 체력에 맞는 적당한 운동으로, 노년층에서 많이 즐기는 배드민턴, 탁구, 론볼링, 게이트볼 등을 생각하게 되었다.

운동량 많은 배드민턴

테니스를 접고 난 뒤, 배드민턴이 눈에 들어왔다. 배드민턴은 산성공원과 공주고등학교 체육관 등에서 할 수 있고, 노년기에 할 수 있는 운동으로 제격이라는 생각이 들었다.

같이 운동할 수 있는 사람들이 많아서 좋았고, 비가 오나 눈이 오나 실내에서 할 수 있어서 좋았다. 바운드가 없고 속도감이 있어 재미가 있고, 운동량도 많아 지루하지 않았다. 문제는 실내 배드민턴장의 환경이 열악한 관계로 운동하던 사람들이 하나둘 떠났다.

배드민턴은 충분히 더 할 수 있었는데 아쉬웠다. 지금도 큰며느리가 사준 배드민턴 라켓을 보면 그때의 배드민턴 치던 모습이 떠오른다. 기회가 되면 배드민턴을 다시 하고 싶다.

탁구로 만난 소중한 인연

한동안 시간을 어떻게 보내야 할지 고민이 되었다. 정년퇴직하고 시간이 많으면 좋을 것 같았는데, 하루를 의미 없이 보낸다는 것이 지루했다. 그러던 차에 유병우 교장을 우연히 만났다. 옥룡동사무소 2층과 지금의 복지관에서 교육계 동료들과 탁구를 한다면서 같이 하자고 했다. 옛 동료들도 만나고 운동도 할 수 있겠다는 생각에 등록했다.

탁구를 시작한 지 벌써 20년이 되었다. 현재 200여 명의 회원이 있고 80여 명이 노령자 모임인 라지볼 회원이다. 팔십 세 이상은 이응래, 유병우, 김일배, 명규식, 이은호 뿐이다. 예전부터 아는 사람들이라 반갑고 추억도 나눌 수 있어 좋다.

탁구는 재미있고 나의 몸에 알맞은 운동일 뿐만 아니라 탁구장 시설이 부족하지 않아서 운동할 때마다 신났다. 농번기를 빼고는 대부분 탁구장에서 보내고 있다. 매일 다니는 공주시립탁구장은 전국에서 보기 드물게 좋은 시설이다. 전국 각지에서 탁구 동호인들이 찾아와 즐겁게 탁구를 하다 가기도 한다.

2016년에 있었던 시장기 대회에서 우승했다. 우승 상장을 가지고 집에 오니 아내가 무척 좋아했다. 기분이 좋았다. 탁구는 노년에 알맞은 운동이라 생각해서 오래할 생각이다. 잠시만 게으름 피우면 젊은 사람과 어울려 탁구 시합을 할 수 없어서 몸 관리에도 신경 쓰고 있다.

언젠가는 탁구도 테니스처럼 못할 수도 있다. 그러한 상황에 대비해서 론볼링장과 게이트볼장에 대해서도 알아보고 있다. 인지능력

을 향상하게 해주는 것 중의 하나가 새로운 운동을 익히는 것이라고 하니 몸이 따라주는 한 계속해서 알맞은 운동을 찾을 생각이다.

운동의 종류와 효과

· 스트레칭 : 몸과 팔다리를 쭉 펴주는 운동이다. 관절이 움직일 수 있는 범위를 향상해주고 몸의 유연성을 유지하고자 할 때 도움이 된다. 다만 준비운동이나 정리운동이 필요하고 과하게 해서는 안 된다.

· 걷기 : 운동의 강도가 낮으면서 특별한 장비 없이도 할 수 있는 유산소 운동이다. 처음에는 천천히 걷다가 익숙해지면 속도를 점점 빨리해서 땀이 날 정도로 걸으면 체지방 감소에 효과적이다. 걸을 때 발뒤꿈치 운동을 해주면 종아리 근육을 단련할 수 있어 효과적이다.

· 자전거타기 : 자전거도로에서 할 수 있는 운동으로 무릎이나 관절에 부담을 주지 않는다. 시간과 강도의 제한이 없으며 비가 오면 집에서도 할 수 있다. 처음에는 천천히 타다가 속도를 내서 땀을 흘린 다음 다시 천천히 타야 효과적이다.

· 에어로빅 : 신나는 음악과 춤을 활용해 기초체력을 단련시킬 수 있는 운동이다. 음악을 좋아하는 사람에게 적합하며 체중 감량 및 근육 강화에 효과적이다. 군살을 뺄 수 있고 근육을 탄력 있게 하며 심장도 튼튼하게 도와준다.

· 수영 : 손과 발을 사용하여 물을 자유롭게 이동하기 때문에 걷기보다 열량 소비가 많다. 수중에서 하는 운동으로 관절에 부담이 적고 폐 기능을 향상하며 근육과 심장에도 좋다.

· 줄넘기 : 언제 어디서나 공간만 있으면 할 수 있다. 운동량과 열량 소비가 많으며 온몸을 튼튼하게 해준다. 다만 관절에 부담을 줄 수 있으므로 관절이 약한 사람은 주의해야 한다.

두뇌 활동에 좋은 서예 교실

서예란 종이에 붓으로 글씨를 쓰는 시각예술을 말한다. 서예 교실에 앉아 있으면 예전 생각이 많이 난다. 교장으로 근무할 때 글씨를 잘 쓰지 못한 아쉬움을 달래고자 서예반을 만들어 학생들에게 서예를 배우게 하기도 하였다. 글씨체도 향상되었지만, 인격 수양에도 좋다.

서예는 여백의 미를 느끼며 마음의 안정을 찾아 스트레스를 풀수 있다. 한문 서체를 배우는 과정에서 자연스럽게 두뇌의 기능이향상된다. 서예에 관심이 있던 차에, 공주시종합사회복지관에 서예교실 강좌가 있어서 회원으로 등록하였다.

서예 교실에 간 날은 2003년 1월 14일이다. 무척 추운 겨울이었다. 복지관에서 배드민턴을 하고 있는데, 친구인 이영수 교장이 취미활동에 좋다면서 서예를 소개했다.

서예 문화와 수련을 통해 예술 작품을 완성해 간다는 말에 솔깃했고, 문방사우(文房四友)라 불리는 종이, 붓, 먹, 벼루를 샀다. 서여기인(書如其人)은 서예를 통해 그 사람의 인격이 나온다는 말이다.

여백과 서예

기초부터 시작했다. 궁서체가 어느 정도 익숙해지자 판본체, 전서체, 예서체, 해서체, 행서체, 초서체, 한문 서체를 두루 배웠다.

처음에는 나도 모르게 옆 사람의 글씨를 보게 되었다. 늦게 시작한 사람이 나보다 글씨를 잘 쓰는 것을 보니 열등감이 들었지만 좌절하지 않았다. 열심히 먹을 갈고 붓으로 화선지에 글씨를 썼다.

타고난 재능도 있는 것이고, 서예 교실에 온 목적이 건강을 유지하기 위하여 온 것이기 때문이다. 서예 선생이 친절히 지도해 주어 쉽게 적응하고 있다.

26명이 시작했는데, 창립회원은 5명만 남아 있다. 매주 화요일과 목요일에 끈기와 집념으로 서예 교실에 나가고 있다. 회원들끼리 작품을 내어서 전시회도 열었다.

서예를 시작하기에 너무 늦은 나이라고 생각할 수도 있다. 하지만 붓만 잡을 수 있다면 누구나 할 수 있는 것이 서예다. 화선지에 나만의 글씨를 쓴다는 것도 매력적이다.

어느 원장에게 팔십을 넘긴 노모가 있었다. 서예를 하고 싶다는 노모의 말에 서예 도구와 서예실을 마련해 주었다. 온갖 정열을 다하여 글씨를 써서 구십 노령에 작품으로 완성해 전시회를 열었다. 초대받은 우리 일행은 구십 노령이라고는 전혀 믿을 수 없는 필력 넘치는 작품에 놀라지 않을 수 없었다.

서예는 나이를 초월하여 할 수 있는 예술이다. 물론 타고난 재능도 있지만 더 중요한 것이 노력이고, 노력보다 더 중요한 것이 즐기는 것이라고 한다. 무슨 일이든 가장 중요한 것은 즐기는 것이다. 서예를 접하게 된 것을 큰 행운으로 생각하고 더욱 즐기고자 한다. 즐기는 사람은 당할 수 없다.

인지기능 향상

서예를 한 지도 벌써 20년이 다 되어간다. 여가선용으로도 좋고, 하겠다는 의지만 있으면 언제든지 할 수 있어서 좋다. 치매 혹은 건망증 예방에도 좋다. 치매는 걸릴 확률이 높거나 낮다는 것이지 언제 찾아올지 모르는 질병이기에 인지기능 향상에 도움이 되는 서예를 하는 것도 좋다.

두뇌의 인지기능 영역으로는 주의 집중력, 기억력, 지각속도력, 언어사고력, 문제해결력, 시각적 통찰력, 판단력 그리고 노년에 중요한 지남력이 있는데, 자연스럽게 서예를 하다 보면 주변 인지기능에도 영향을 미친다.

서예는 잡념이 없어지고 현재에 집중하게 되어, 정신 건강에도 좋으며 우리 전통 예술을 지켜나가고 있다는 자부심도 가질 수 있어서 좋다. 건강이 허락하는 날까지 열심히 몰입할 생각이다.

지남력 검사 문항

- 이름을 말해 보세요?
- 나이를 말해 보세요?
- 오늘은 몇 년, 몇 월, 몇 일 인가요?
- 지금은 무슨 계절인가요?
- 우리나라 이름이 무엇인가요?
- 내가 사는 주소를 이야기해 보세요?
- 지금 있는 장소에 관해서 이야기해 보세요?

컴퓨터와 생활

세상이 참으로 빠르게 발달하고 있다. 미디어의 발달은 모든 것을 변화시켰고 산업혁명 이후 컴퓨터의 등장은 농경사회를 살아온 나에게는 새로운 도전이었다.

글씨 잘 쓰는 사람이 유능한 사람으로 인정받는 시대가 있었다. 졸업장과 상장 그리고 행사안내장 등은 붓글씨로 썼고, 시험문제는 등사기를 이용했다. 프린터 또는 복사기의 조상으로 일종의 공판인쇄기법이었다.

시험을 보려면 시험지를 제작하는 과정부터 복잡했다. 시험문제를 출제하고 인쇄판을 만들었다. 인쇄판은 줄판 위에 납을 먹인 원지를 올려놓고 시험문제를 일일이 철필로 써야 했다. 철필로 긁힌 자리에 잉크를 넣어 인쇄했다. 타자기도 사용되었지만, 컴퓨터만큼 실용성이 크지는 않았다.

컴퓨터 수강

컴퓨터를 하지 못하면 변화하는 사회에서 뒤질 수 있고, 더 편리하게 사는 것에서 소외될 거라는 생각이 들었다. 노년 컴퓨터 교실이 있어 수강 신청은 쉽게 할 수 있었지만, 마지막 순간까지 고민이 많았다.

앞자리에 앉아 컴퓨터 담당 선생의 말에 집중했다. 강의를 들을 때는 이해가 가는데, 집에 돌아와서 실습하려면 잘되지 않아, 계속하는 것에 고민이 되었지만, 학창 시절, 힘들게 공부했던 열정을 되살려 포기하지 않았다.

생활속의 컴퓨터

컴퓨터를 켜고 끄는 것도 힘들고, 마우스를 움직이는 것도 잘되지 않아 겁이 났다. 분명히 만진 것 같지 않은데, 엉뚱한 화면이 나왔다. 컴퓨터 담당 선생이 잘 설명해 주었고, 이해할 수 없는 부분은 일일이 공책에 적어서 연습했다.

컴퓨터를 배우는 과정은 힘들었지만, 문서도 작성하고 인터넷도 검색할 수 있어 좋았다. 세상 돌아가는 것을 파악할 수 있어 좋고,

TV를 보거나 독서를 하다가 궁금한 것을 검색하면 쉽게 답을 얻을 수 있어 좋았다. 컴퓨터를 일상생활과 접하면서 활용하니 컴퓨터가 우리 생활에 매우 유용하다는 것을 알았고, 선택이 아닌 필수라는 것을 알았다.

컴퓨터에 담는 인생

처음에는 서투른 독수리 타법으로 정송평생농장 일기를 썼다. 매일 쓰다 보니 점점 컴퓨터 실력이 늘어났고, 지나온 팔십 평생의 시간을 정리하기에 이르렀다. 그동안 나 하나의 명예를 위하여 헌신한 아내의 고마움을 잊고 살아온 것이 너무나 가슴이 아팠다.

서투르게 정리한 원고를 보고, 교육전문가로 활동하고 있는 큰아들 경주가 책으로 남길 것을 권하였다. 부족한 글을 책으로 출간한다는 것이 마음에 내키지는 않았지만, 손자 용택이에게 전해주는 것도 의미 있는 일이라는 말에 동의했다. 사실 친구나 제자들이 책으로 낸 것을 보면 부럽기도 하고, 출판해보고 싶은 욕심도 없는 것은 아니었다.

가족들이 용기를 주자 작은 욕심이 생겼고, 컴퓨터, 서예 교실, 등산, 탁구를 하는 과정에서 얻은 자신감도 큰 힘이 되었다.

글을 쓰다 보니, 그동안 살아 온 인생이 한눈에 들어와 좋고, 인생을 정리한다는 자체가 의미 있는 일이라 생각되었다. 일단 시작하면 어떤 형태로든 결과물을 내놓을 수 있으니, 컴퓨터로 자서전에 도전해 보는 것도 시도할만한 일이라 생각되어 주위에 권하고 싶다.

스마트폰의 생활화

스마트폰을 사용한 것은 얼마 되지 않았다. 유선전화를 사용하다가 막내 범주가 휴대전화를 선물해 주었다. 휴대전화만으로도 문자를 주고받을 수 있어 신기했는데, 친구들이 하나둘 스마트폰을 갖고 있어 인터넷으로 검색해 보니 휴대전화에 컴퓨터 기능을 추가한 지능형 단말기라는 사실과 응용 소프트웨어 설치가 자유로우며 텔레비전이나 라디오, 휴대전화 등 다양한 기능이 있다는 것을 알았다.

큰아들의 권유로 스마트폰을 접하였다. 스마트폰으로 전화 통화가 자유로워지자 카톡을 보냈다. 그룹으로 방을 만들어 가족과 소통할 수 있는 것도 신기했다. 등산 가서 찍은 사진도 올리고, 정송 평생농장에서 일하는 모습도 올렸다. 가족들이 이모티콘도 보내고,

답글 달아주는 것도 재미를 주었다.

한번은 데이터가 소진되었다는 문자메시지가 와서 당황한 적이 있었다. 놀라서 큰아들에게 물어보니 기본 제공 데이터를 다 써서 그렇다며 집에 있는 인터넷과 연결해서 데이터와 상관없이 사용할 수 있게 해주었다. 뉴스나 카톡은 집에 와서 열어보니 데이터가 소진되었다는 문자가 오지 않았다.

문자를 입력할 때 잘 사용하지 않는 손을 사용하면 낯선 것에 노출되어 뇌의 활동도 활발하니, 손의 움직임을 많이 갖는 것도 좋다. 처음에는 서툴겠지만 반복 연습을 하다 보면 자연스러워질 것으로 생각한다.

뇌 건강 수칙

- 규칙적인 생활을 한다.
- 책을 큰 소리로 읽고 글쓰기를 한다.
- 생선과 채소, 견과류를 골고루 챙겨 먹는다.
- 담배는 끊어야 한다.
- 술은 적당히 마셔야 한다.
- 만성 스트레스를 받지 않는다.
- 불면증에서 벗어나야 한다.
- 사람들과 잘 어울린다.
- 새로운 언어나 운동, 취미 활동을 한다.
- 머리를 다치지 않도록 한다.
- 긍정적인 생활을 한다.

등산과 건강

 산에서 가장 먼저 배운 것은 자신을 낮추는 일이다. 내가 최고라고 자만하면서 다른 사람에게 마음의 상처를 주지는 않았는지 반성한다. 특히, 나를 위해 묵묵히 자신을 희생한 아내의 삶을 생각하니, 나 자신이 더욱 미워진다.

 행복에 이르는 길은 새로운 것을 얻는 게 아니라 불필요한 것을

내려놓는 것이다. 이제 등산을 통하여 필요 없는 욕심을 내려놓으려 한다.

빛과 소금처럼 얼마나 남아 있을지 모를 여생을 다른 사람의 행복을 위해 노력하고자 한다.

처음 등산할 때는 내려올 산을 왜 올라가는지 이해하기 어려웠는데 시간이 지날수록 등산의 중요함을 느낀다.

사람에게 가장 중요한 것이 공기와 물이다. 맑은 공기는 순환 및 정화 작용을 해주는 건강의 일등 공신이다.

오래 사는 것보다 중요한 것이 건강이고, 그러기 위해서는 맑은 공기로 숨을 쉬어야 한다. 그래서 등산이 좋다.

수요산악회 활동

벌써 40년 전의 일이다. 처음에는 계룡산을 천천히 올랐고, 힘들

면 뒤돌아왔다. 정년퇴직 후, 수요산악회에 가입했다. 80여 명의 회원으로 출발해서 수요일마다 등산한다.

기관지 천식이 있어 숨이 가쁘고, 체중도 75kg에 복부 비만도 있었다. 등산하기에 좋은 조건이 아니었다. 회원들을 따라가느라 산에서 점심도 먹지 못하고, 버스 안에서 먹은 적도 있었다.

산에서 회원들을 잃어 깊은 산중에서 혼자 헤매다가 다른 산악회원의 도움으로 찾아온 적도 있었다. 겨울에 눈보라 치고 손이 시려서 밥을 못 먹을 정도로 고통스러운 일도 있었고, 길눈이 어두워 다른 등산길로 갔다가 지나가는 승용차를 붙잡고 도움을 청한 일도 있었다.

파란만장한 일도 많았지만, 산악회원들의 도움으로 정상을 오르는 횟수가 늘어났다. 힘들면 회원들이 붙잡아주기도 하고 기다려주기도 했다. 그 결과 건강도 되찾고, 무리 없이 정상에 오를 수 있었다.

현재 수요산악회 회원은 20~25명 정도이다. 창립회원 80명 중에는 김윤년, 김학기, 이봉순, 이승주, 이은호, 조종호만이 남았다. 세월이 흘러 정상을 오르는 회원은 10여 명에 불과하고 고령자는 나를 포함하여 3명이다.

자전거, 윤 씨

등산할 때마다 다양한 사람들과 허물없이 이야기를 주고받는다. 88세까지 수요산악회에서 같이 등산했던 윤 씨가 있다. 나보다 늦게 산악회에 가입했지만 정말 열심히 등산했다.

윤 씨는 6남매 자녀 중 5남매를 먼저 보내고 아내마저 세상을 떠났다고 했다. 그러면서 이 세상에 나보다 더 불행한 사람이 있느냐고 했다. 그렇다고 좌절할 수도 없고, 하나 남은 아들에게 짐이 되

어서는 안 되겠다는 생각에 마음을 굳게 먹고 등산을 시작했고, 백두대간도 다녀왔단다.

수요산악회에 지금은 나오지 않지만, 새벽에 수영장 다녀올 때 자전거 타는 윤 씨를 종종 만난다. 금강 변을 따라 세종시까지 다니며 운동을 한다. 90이 넘은 고령에도 자전거 타는 것을 보면, 그 열정이 젊은이에게 뒤지지 않는다. 이러한 윤 씨를 보면서 건강한 노년 생활에 대해 많은 것을 얻는다.

고난의 주행봉 등산

등산하면 떠오르는 것이 충북 영동군 황간면과 경북 상주시 모서면 경계에 있는 주행봉이다. 2019년 4월 10일, 백화산 등산이다. 추운 겨울이 지나고 봄이 되어 봄 등산복을 입고 출발했다. 현지에 도착하니 지난밤에 내린 비와 눈보라로 인해 높이가 933m인 백화산 대신에 874m인 주행봉으로 목적지를 바꿨다.

주행봉은 물 위를 떠가는 돛단배처럼 생겼다고 해서 붙여진 이름으로 산악인들에게는 극기 훈련장으로 불린다. 뻗어 있는 산줄기와 비탈의 장관을 보면서 도전이 시작되었다.

정상에 가까워지자 고드름 나뭇가지가 등산길을 막고 얼음 빙판이 앞길을 막았다. 겨울 산행 장비인 아이젠과 장갑, 모자를 두고 온 나에게는 최악의 지옥 등산이었다.

등산에 참여한 회원은 52명 중, 20명뿐이었고 내가 최고령자였다. 다행히도 장갑을 건네거나 부축해주는 회원이 있어 하산할 수 있었지만, 짐이 된 것 같아 미안했다.

주행봉 산행을 통하여 완주하는 것도 좋지만 능력을 벗어난 도전은 위험을 초래하고, 다른 회원에게 짐이 된다는 것을 생각하게 되었다.

4월에 험악한 얼음 빙판 등산을 하느라 고생한 것은 평생토록 잊히지 않는 추억으로 남는다. 몇 번이고 포기하려고 했던 주행봉의 악조건이었지만 가족들의 얼굴을 떠올리니 극복이 되었다. 곁에는 없지만, 가족의 소중함을 다시 생각했다.

111년 만의 불볕더위와 지리산

지리산은 경남과 전북, 그리고 전남에 걸쳐 있는 산이다. 높이는 1,915m이고, 1967년 12월 29일에 우리나라 최초로 국립공원으로 지정되었다. 민족의 영산으로 불리는 지리산은 둘레길이 유명하다.

언론에서는 111년 만에 오는 불볕더위라면서 온열 질환에 주의하라고 했지만, 수요산악회에서 진행하는 등산이라 빠질 수 없었다. 제3구간은 전북 남원시 일월면에서 시작해서 경남 함양군 마천면으로 이어지는 19km다.

2018년 8월 1일은 등산한 지 17년, 850회 날이다. 아내가 등산하지 말고 계곡에서 피서나 하라고 당부했지만, 둘레길 입구에 이르니 포기할 수 없었다.

체력이 비슷한 4명이 뒤쪽에서 출발해서 1시간 정도 지나니 복잡한 둘레길이 나왔다. 쉼터에 들러 옷을 벗어보니 땀이 비 오듯 흘러내렸다. 쉼터에서 시원한 김치 국수를 먹고 출발했는데, 등산로를 잘못 들었다. 산악 대장이 30분 남았으니 힘내라고 했다. 하지

만, 2시간 이상을 걸어도 끝이 보이지 않았다. 4시간이면 할 수 있는 등산을 6시간 가깝게 걸어 오후 5시를 넘겼다.

가져간 물도 떨어지고 갈증이 나서 힘들었다. 처음부터 둘레길이라 수월하다고 생각하고 출발한 것이 잘못이었다. 불볕더위라 19명이 참석했고 전 구간 등산을 한 사람은 12명이며, 최고령자는 나였다.

둘레길이라고 가볍게 보지 말아야 할 것 같다. 그렇다고, 악산이라고 미리 겁을 낼 일도 아니다. 등산에서 가장 중요한 것은 첫째도, 둘째도, 셋째도 안전이다. 등산 장비는 최악의 조건에 대비하여 철저히 준비하는 것이 좋다.

노년의 도전 정신

등산은 하면 할수록 인생을 압축해 놓은 것 같다는 생각이 든다. 험한 산 고개를 넘는 것은 고난의 역경을 넘는 것 같고, 길을 헤맬 때는 인생에서 망망대해를 지나고 있는 것 같지만 정상에 오르면 평온했다.

2002년 정년퇴임하고 수요산악회 회원들과 850회 이상을 등산했다. 한라산 3회, 금강산 1회, 백두산 2회, 울릉도 성인봉 2회는 물론 진도, 청산도, 백령도, 사랑도 섬까지 등산했으니 방방곡곡 다니지 않은 곳이 없다고 해도 과언이 아니다. 건강이 허락하는 한, 1,000회 이상 등산할 생각이다.

한라산

제주도 한라산은 3번 다녀왔다. 3번 다녀왔다고 하면 친구들이 부러워한다. 한라산은 은하수를 잡아당길 만큼 높다고 해서 붙여진 이름으로 1,950m 높이를 자랑하는 민족의 영산이다.

한라산은 아름다운 산이다. 봄에는 철쭉, 여름에는 폭포, 가을에는 단풍, 겨울에는 눈꽃이 절경이다. 그리고 정상에서 만나는 백록담 또한 빼놓을 수 없다. 여름과 겨울 등산을 했는데, 설경의 장관이 펼쳐진 백록담을 눈앞에 두고 발길을 돌렸던 겨울 등산이 기억에 많이 남는다.

폭설 때문에 정상을 오를 수 없었다. 눈보라를 무릅쓰고 고생하여 너무나 마음이 아팠다. 백록담을 보지 못한 아쉬움을 달래기 위해 여름에 다시 가서 백록담을 보았다. 한라산은 한 폭의 그림이었다.

울릉도 성인봉

산을 오를 때마다 고생하는 내용이나 강도가 다르다는 것을 느낀다. 울릉도 성인봉 등산이 그렇다. 성인봉과 독도 관람을 무사히 마치고 돌아왔는데, 풍랑으로 배가 뜨지 않았다. 섬에서의 생활이라 그런지 여러 가지 어려움을 느꼈다.

시간을 보내기 위해 성인봉 등산을 다시 하는 사람도 있고, 식당에 가거나 방에서 고스톱을 치는 사람들도 있었다. 문제는 복용하는 약이 떨어져 가는 것이다. 나이가 있다 보니 대부분이 한두 가지 약을 먹고 있었는데, 1주일분을 준비하지 않은 것이다.

평생 이런 고생은 처음이라고 말하니, 겨울에 울릉도 오는 것이 아니라고 했다. 한 치 앞을 내다보지 못한 내 잘못이 컸다. 이러한 소식을 가족에게 전하니, 아내를 비롯한 가족들이 많이 걱정하였다. 나 하나로 인해 가족들에게 걱정을 끼치게 한 것이 미안하면서도, 가족의 소중함을 다시 느꼈다.

풍랑주의보 해제를 일주일 동안 기다리며 고생할 때는 다시는 울릉도에 발을 디디지 않는다고 했는데, 돌이켜 생각하니 하나의 추억으로 스쳐 지나간다.

태백산맥

태백산맥 종주 날이다. 태백산맥은 강원도와 경남북으로 뻗어 있는 산맥으로 길이는 600km 정도다. 전날 저녁을 먹고 버스 안에서 새우잠을 자면서 강원도에 도착했다.

야간이라 손전등을 들고 산행을 시작했다. 길을 잃거나 몸이 아파 중간에 포기하는 사람들도 있었지만 포기하면 후회할 것 같아 걷고 걸었다. 걷다 보니 비료 포대에 앉아 비탈길을 내려오는 썰매타기를 볼 수 있었다.

겨울에만 가능한 썰매 타기를 하지 않으면 태백산맥의 겨울 등산을 후회할 수 있겠다는 생각이 들었다. 비료 포대에 앉아 썰매 타기

로 하산하니 어린 시절 언덕에서 미끄럼탔던 때가 떠올랐다. 그 이후로도 여름에 다녀왔는데, 다양한 축제가 기억에 남는다.

백두산 천지

백두산은 함경도와 만주 사이에 있는 산으로 높이는 2,744m이다. 백두산의 최고봉인 병사봉에 있는 천지(天池)에서 압록강과 두만강 그리고 송화강이 시작된다.

백두산 등산은 일기 변화가 심해서 좀처럼 천지를 구경하기 힘들다. 좋은 일을 한 사람에게만 천지를 허락한다는 말이 있듯, 일기가 변화무쌍하다. 우리 일행도 볼 수 있을지 많이 걱정했다. 백두산에 가는 것이 쉽지 않고, 이번에 못 보면 또 언제 다시 볼 수 있나 생각하니 마음이 조마조마했다.

간절한 바람 때문일까? 정상에 오르니 날씨가 좋았다. 고생하지

않고 정상에 올라 멋진 천지를 보았다. 참 운이 좋은 사람이다.

엄연한 대한민국 영토이면서도 북한으로 가지 못하고 중국을 거쳐 간다는 현실이 못내 아쉽고 가슴 아픈 일이었다. 빨리 통일이 되어 백두산 천지를 자유롭게 다닐 수 있는 날이 오기를 기대한다.

일만 이천 봉, 금강산

금강산은 강원도 회양군과 통천군 그리고 고성군에 걸쳐 있는 산으로 높이는 1,638m이다. 태백산맥 북부의 아름다운 명승지이지만 북한에 있어 내 생전에 금강산을 가보지 못하고 죽는 것은 아닌지 하는 생각도 들었다.

수요산악회 덕분에 금강산을 구경했다. 가이드는 휴전선을 넘을 때 통과 절차에 대해 화를 내거나 큰소리로 항의하지 말 것을 당부했다. 막상 휴전선을 넘으면서 검문검색을 받자 긴장되었다.

인솔자는 등산이 끝날 때까지 말조심할 것을 신신당부했다. 가이드의 주의 사항도 있고, 겁이 나서 인솔자를 따라다니기만 했다. 금강산을 다녀왔다는 자체로도 내 인생에 있어 특별한 경험이다.

주어진 일정 관계로 금강산 절경을 자세히 보고 오지 못한 것이 아쉬움으로 남는다. 또한 가이드의 말에 너무 따르다 보니 대화도 하지 못하고 등산한 것이 많은 아쉬움으로 남는다.

설악산, 치악산 ….

강원도에 있는 설악산과 치악산, 충북에 있는 월악산, 경기도에 있는 운악산, 서울에 있는 관악산은 '악'이라는 글자가 들어가는 우리나라 5대 악산이다. '악'이 들어간 산은 돌발 사고가 일어날 수 있을 정도로 위험해서 조심하면서 산행을 했다.

그 밖에 진도, 백령도, 사랑도, 청산도, 보길도, 홍도, 흑산도, 거

제도, 외도 등이 많이 생각나고, 중국의 태산도 기억에 남는다. '태산이 높다하되 하늘 아래 뫼이로다.'를 떠올리며 한 번 더 가보고 싶다.

등산의 기본은 등산 장비를 완전하게 갖추는 것이고 사고의 위험이 늘 따르니 처음부터 끝날 때까지 정신을 차리는 것이다. 한눈팔고 가다가 도착지 100m를 앞두고 배수로에 넘어져 병원 치료를 받은 적이 있다. 그만큼 돌발 변수나 위험 요소가 많은 산이지만 만나면 좋다.

기관지 천식 극복

천식은 폐로 연결되는 기관지가 좁아지거나 부어올라서 생기는 질환이다. 겪어 보지 않은 사람은 고통을 잘 모른다. 평소에도 숨이 차고 숨소리가 가쁘며 기침이 나고 가래가 나온다. 문제는 새벽에 증세가 더 심하고 자면서도 가래를 뱉어야 하며 감기에 걸리면 잠도 못 잔다.

산에 오르다가 중간에 집에 온 적도 있고, 교육청 장학사 시절에는 옥룡동 약수터에 가거나 새벽에 산성 공원에 가다가 중간에 쉬어 간 적도 많다. 시내에서 급한 마음에 가래를 뱉었다가 경찰관의 눈에 띄어 낭패를 본 적도 있고, 지나가는 사람한테 망신을 당한 적도 있다. 그 뒤부터는 주머니에 휴지를 넣고 다닌다.

가족 내력인 기관지 천식

아버지께서는 평생을 기관지 천식으로 고생하다가 돌아가셨다. 복용하는 약을 지어드렸지만, 현상 유지만 가능할 뿐이지 치료는 되지 않았다. 환절기에 감기에 걸리면 더 고통스러운 병이다.

가족 내력이 있는 기관지 천식은 많은 고통을 수반하는 병이다.

기관지 천식을 극복하기 위해, 좋다는 것은 때와 장소를 가리지 않고 찾아다니는 노력으로 극복하였다.

금연

담배를 끊은 지 40여 년이 넘었다. 담배를 끊기 위해 약을 먹고, 한방에서 침은 물론 귀밑에 붙이는 것까지 했다. 금연 클리닉도 많이 찾아다녔지만 쉽게 금연이 되지 않았다. 몇 번의 실패 끝에 얻은 결론은 살기 위한 유일한 방법은 오직 금연밖에 없다고 생각했다.

담배는 기관지 천식에는 최악이다. 말로만 살겠다고 하지 말고 실천하는 것이 무엇보다 중요했기에 죽을 각오로 임했다. 금연을 위한 과정을 돌이켜 보니, 어려웠지만 가장 잘한 일의 하나로 기억된다.

은행즙과 은행알

은행은 기관지 천식뿐만 아니라 혈관계 질환 예방과 피부 노화 방지와 피로 해소에 좋다. 은행을 먹기 시작한 지 40여 년이 되었

다. 가을에 정송평생농장에서 수확한 은행을 모아서 은행즙과 은행알로 나눠 복용하고 있다.

은행즙 만드는 과정이다. 은행을 물에 깨끗이 씻는다. 통째로 단지에 넣고 뚜껑을 덮은 다음 그늘진 곳에 6개월 정도 두었다가 은행은 꺼내고 은행즙만 남겨 둔다. 은행즙을 하루 3번, 소주잔 반 컵씩 복용한다. 병을 고친다는 마음이 없으면 도저히 참고 먹을 수 없을 정도로 냄새와 맛이 고약하고 거북하다.

은행알은 은행의 겉피는 벗겨내고 은행알만 냉동실에 보관해 두었다가 필요할 때 꺼내서 익혀 먹는다. 은행알은 은행즙과 비교하면 먹기 편하다. 다만 은행즙과 은행알을 동시에 먹지 말고 한 가지씩 먹되 꾸준히 규칙적으로 장기간 먹는 습관이 중요하다.

은행은 청산배당체를 함유하고 있어 중독을 일으킬 수 있다. 아침저녁으로 5알씩, 하루에 10알 이내로 먹는 것이 좋다. 계속 복용한 결과, 효과가 있음을 현저하게 느낄 수 있었다.

폐활량에 좋은 수영과 등산

하루 생활 중에 가장 힘든 것은 새벽 5시에 수영장 가는 일이다. 비가 오나 눈이 오나 빠지지 않고 수영장에 간다. 체력에 맞게 천천히 쉬어 간다. 수영은 천식을 낫게 하는 데 도움이 되었다.

등산도 폐활량을 좋게 하는 데 도움이 된다. 숨이 차서 힘들기보다는 기력이 떨어져 젊은이들을 따라가는 것이 힘들 뿐이다. 젊어서 고생하던 천식을 모르고 살 정도가 되었다.

척추관협착증에 유익한 수영

 가장 관심을 두는 것이 건강이다. 어머니께서 일찍 돌아가시고, 아버지마저 기관지 천식으로 돌아가셨기 때문이다. 2002년 8월 31일 정년퇴임하고, 기관지 천식 이외에는 큰 병이 없었는데 2009년 7월경에 생각하지도 않은 병이 생겼다. 척추관협착증이다. 어느 날 공주 시내를 걸어가는데 갑자기 발이 저리고 허리에 통증이 오며 100m를 걸을 수 없었다. 한참 동안 쉬다가 통증이 가라앉으면 가거나 허리를 구부리고 걸었다.

 등산할 때도 산에 오르지 못하고 자동차 안에서 지루한 시간을 보냈고, 탁구장에 가서도 다른 사람들이 하는 것을 구경하며 시간을 보낼 때가 많았다. 농장일이 급할 때는 허리를 구부리거나 자주 쉬었다.

척추관협착증의 진단

 아내가 대학병원에 있는 조카 경민에게 전화했다. 나이가 들면 생길 수 있는 증상 같다면서 진찰을 받아 보길 권했다. 공주 신관동 을지병원으로부터 2009년 11월 21일 척추관협착증이라는 진

단을 받았다.

척추관협착증은 척추관이 좁아져, 신경을 압박하고 이로 인해 통증이 발생하는 질환으로 후천적인 노인성 척추 질환이라고 했다.

믿기지 않았다. 집 앞에 있는 통증의학과 한빛 신경과에 들러 검사를 다시 해보니 같은 진단이 나왔다. 주사도 맞고 약도 먹으며 치료를 받았지만 큰 차도가 없어 2009년 12월 14일부터는 공주 한방병원에 다녀보았지만, 차도가 없었다.

대전에서 사범학교 동기 동창회 모임이 있었다. 걸어가는 내 모습을 보고, 김풍 동창이 척추관협착증이 아니냐면서, 본인은 서울 삼성병원에서 이 교수 수술로 완치되었다며, 소개하였다.

2010년 2월 9일 서울 삼성병원에서 진찰받았다. X-ray와 MRI 등 10여 건 넘게 사진을 찍고 진찰비로 783,100원이 들었다. 1주일 후, 척추관협착증이라며 수술을 권했다.

수술하지 않고 약물치료를 원하니 혈관확장 작용과 혈소판 응집

억제작용, 말초순환장애를 개선하는 혈관확장제 약을 처방해 주었다. 아침저녁으로 1알씩 먹었지만 호전 기미가 보이지 않았다.

수영

혈관확장제 약 관계로 약국에 들렀을 때 약사가 수영을 권했다. 수영장에서 거꾸로 매달리기와 같은 척추 보강 운동이 좋다고 했다. 공주대학교 수영장에 갔다.

2010년 8월 6일이었다. 수영장을 총괄하는 김학수 교수의 도움으로 회원증을 만들었다. 수영에 필요한 수영복과 수영모, 그리고 안경을 110,000원을 주고 샀다.

공주대학교에 가면 편백나무 숲이 있는데, 이곳에서 20분 동안 산책을 하고, 헬스장에서 11가지 운동을 1시간 정도 한다. 벨트 마사지 5분, 거꾸로 매달리기 10분을 포함해서 주로 척추관 허리 보강 운동을 한다.

헬스가 끝나면 40분 정도 수영을 한다. 온탕에서 허리 마사지와 허리 펴기 운동을 한 다음에 25m 거리를 10~14바퀴 도는데 30분 이상 걸린다. 매일 새벽 5시에 수영장에 가서 8시에 집에 온다. 수영은 심폐 운동으로 폐활량을 늘려주어서 좋고, 물에 뜨기 때문에 관절(척추관협착증)에도 무리가 없어서 좋다.

척추관협착증을 이겨내고 건강하게 사는 것은 수영 덕이다. 이 세상에 쉬운 일은 없다. 노는 일도 오래 하면 어렵다. 하물며 운동이 더 어려운 것은 당연하다.

처음 배울 때는 나이도 제일 많고 수영도 제일 못했다. 수영 강사한테 특별 지도를 받았다. 멈추지 않고 꾸준히 하다 보니 수영 실력도 늘고 건강도 좋아졌다. 척추관협착증을 고쳐준 수영을 오래도록 유지할 생각이다.

수영을 할 수 있도록 물심양면으로 도움을 준, 김학수 교수와 심재경 약사의 고마움을 잊지 않고 늘 간직하고 있다.

청력 장애

청력의 고통이 일찍 찾아올 거라고는 생각하지 못했다. 청력에 장애가 온 것은 20여 년 전 일이다. 늙으면 오는 청력 장애로 생각했다가 막상 닥치고 나니, 갈피를 잡지 못하고 우왕좌왕했다.

식당에서 식사하는데 텔레비전 소리가 들리지 않았다. 식당 주인께 소리 좀 키워달라고 하니 평상시보다 볼륨을 더 키운 것이라고 말했다. 혼자 식사하는 자리가 아니라 더 이상 부탁할 수 없었다.

며칠 후 감기 때문에 병원에 갔다. 치료를 다 받고 접수창구에서 처방전을 기다리고 있는데, 옆에 있는 중년이 내 이름을 부른다고 알려주는 것을 보고, 청력에 문제가 있는 것을 확실하게 느끼게 되었다.

외톨이 생활

텔레비전 소리를 들을 수 없었다. 산악회나 탁구장 모임에 나가서도 알아듣지 못하고 가족 모임에서도 대화가 어려웠다. 아내와의 대화도 점점 커지다 보니 핀잔으로 들렸다.

아내는 당장 보청기를 하라고 했다. 보청기를 끼면 평생을 달고 살아야 한다는 말에 주저할 수밖에 없었다. 점점 혼자 누워있는 일이 많았다.

청력 손상은 노화로 인해 생기는 경우가 많지만, 갑작스러운 굉음이나 소음이 잦은 공간에서의 생활도 청력 상실을 가져올 수도 있다고 했다. 젊었을 때 신경 쓰지 못한 것과 그동안의 교직 생활도 뒤돌아봤다. 가난한 집안의 장남으로 앞만 보고 살아왔던 날들을 생각하니 눈물이 났다.

청력을 완전히 잃은 것이 아니기에 절망하지 않았다. 더 이상 늦출 수 없다는 생각에 이비인후과에서 청력검사를 받았다.

보청기

평소 다니는 이비인후과에서 상담한 결과 생활하는 데 큰 지장이 없다고 했다. 보청기 없이 생활해도 될 것을 생각했지만 오래 갈 수 없었다.

복지관에서 음력 정월에 열리는 윷놀이 행사가 연기되었다는 것을 듣지 못하고 갔다. 총무한테 문자라도 보내주지 않았느냐면서 화를 냈다. 총무에게 화낼 일이 아니라 듣지 못한 내 탓인데 말이다.

이비인후과에서 다시 검사받고 보청기를 했다. 최고급 보청기는 700만 원까지 있고, 한쪽만 하는데 200여만 원 정도면 쓸만하다고 했다. 원장의 추천대로 오른쪽만 200만 원 주고 했다. 보청기를 사용해보니 예전의 청력으로 돌아가지는 않았다.

개선은 되었지만 미미하였고, 장애는 계속되었다. 왼쪽까지 보청기를 했지만, 크게 개선되지 않았다.

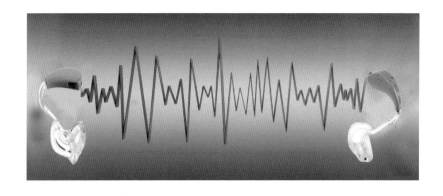

청력 관리

얼마 전에 보청기를 판매하는 상점에 갔더니, 정부 지원을 받는 신제품 보청기가 나왔다고 했다. 교체하여도 100% 청력을 회복할 수 있다는 보장이 없으니 망설여졌다.

원장의 권유로 400여만 원(정부지원금 포함) 신제품으로 교체했다. 조금은 개선된 것 같은데, 불편한 청력에서 완전하게 벗어나지는 못하고 있다.

나이가 들면 시력, 청력에 이상이 생기고, 주름살이 늘어난다.

시력은 괜찮다. 돋보기 없이 깨알같이 작은 글자를 볼 수 있을 정도로 지장 없이 생활하고 있다. 주름살은 남에게 보기는 싫지만 살아가는 데는 크게 장애가 되는 것은 아니다.

나이가 들면 누구에게나 청력 장애가 따라온다. 오는 시기의 차이일 뿐이다. 잘 들리지 않는 것은 모든 것을 다 듣지 말고 좋은 것만 들으라는 의미로, 긍정적으로 받아들이려고 생각한다. 좋은 말만 듣고, 좋은 말만 하도록 노력하고자 한다.

손발 마사지와 건강 박수

손과 발이 따뜻해야 건강하다. 어린 시절 밖에서 놀다가 오면 아랫목으로 손과 발을 가져가서 이불로 덮어 따뜻하게 했다. 평소 손발이 차가워 신경이 많이 쓰였다.

사람이 운명할 때 손발이 먼저 차가워진다. 어른들이 항상 춥다고 하는 이유도, 기력이 떨어지고 늙고 병들다 보니 당연히 오는 현상이다. 무병장수의 비결은 따뜻한 몸을 유지하는 것이다.

신랑 발바닥

신랑의 발바닥을 때리는 풍습이 있다. 동네 사람들이 신랑의 발목을 끈으로 묶어 천장에 거꾸로 매달고 각목으로 신랑 발바닥을 때렸다. 신랑을 다룬다는 의식으로, 어릴 때는 너무 한다는 생각이

들었지만, 기를 주기 위한 조상의 지혜가 아닌가 생각된다.

한방병원에 가면 환자의 손을 만져 보고 진맥을 보는데, 손발이 건강의 척도가 되기 때문이다.

손발 관리

머리는 시원하게 하고 손발은 따뜻하게 하라고 한다. 우리 몸에서 말초 신경이 지나는 곳이 바로 손가락과 발가락이다. 손발을 부지런히 움직여야 혈액순환이 잘 되어서 몸이 건강하다.

새벽 4시에 깨어, 잠자리에 누운 자세로 마사지 기구를 양손에 쥐고 운동한다. 이때 발도 같이 움직이며, 손발 마사지 운동을 동시에 한다.

수영장에서도 발바닥을 온수로 마사지한다. 수영이 끝나면 세면장 바닥에 발바닥을 문지른 다음, 손으로 발가락을 빠짐없이 마사지한다. 내가 제일 신경 쓰는 일이 발 마사지다.

집에 돌아와서 김낙기 제자가 3번이나 보내주어 30여 년을 사용하고 있는 발 마사지 기구로 15분간 발 마사지를 한다. 피로가 풀리고 정신이 맑아지는 것을 느낄 수 있다.

마사지 도구

텔레비전을 시청할 때나, 잠자리에 들 때는 물론, 평소에도 마사지 기구를 가지고 산다. 식사와 컴퓨터 할 때를 제외하고는 시도 때도 없이 마사지 운동을 한다.

며느리가 사준 마사지 기계도 잘 이용한다. 나는 잘 이용하는데 아내가 열심히 하지 않아서 걱정이었는데, 큰아들 경주가 전동안마기를 보내준 이후로는 아내도 잘 이용하고 있다.

나이가 들수록 손발을 따뜻하게 해야 한다. 손발이 차고, 저리는 등, 이상이 오면 건강에 문제가 있다.

건강 박수

손은 우리 몸의 다양한 기관과 연결되어 있다. 손바닥을 마주치면 해당 신체 기관을 자극해서 건강은 물론 치매 예방에도 도움이 된다. 나는 앉거나 드러누워 있을 때도 손뼉을 친다.

부지런히 손뼉 치면 건강해진다. 건강 박수에는 손바닥 박수, 주먹 박수, 손등 박수, 손가락 끝 박수, 목 뒤 박수, 봉오리 박수, 먹보 박수, 달걀 박수, 손목 박수, 손가락 박수, 칼 박수, 겨드랑이 박수, 엄지 볼 박수, 원 박수, 교차 박수 등이 있는데, 박수에 따라 신체 각 부분에 미치는 효과도 다르다.

건강 박수 종류와 효과

· 손바닥 박수 : 양손을 마주 보게 하고, 손가락을 쫙 펴서 뒤로 젖힌 후 양 손바닥을 힘차게 부딪치는 방법이다. 손바닥을 치면 마찰과 진동을 통해 혈액순환이 좋아지고, 내장 기능 강화에 좋다.

· 주먹 박수 : 양 주먹을 꼭 쥐고 손가락이 닿는 부분끼리 마주칠 수 있도록 쳐준다. 주먹 쥐고 손뼉을 치면 머리가 맑아지고 만성 두통이나 어깨 부위 통증 예방에 좋다.

· 손등 박수 : 한쪽 손등은 가만히 두고, 다른 손등을 이용해서 때려주는 방법으로 양손을 번갈아 가면서 골고루 손뼉을 쳐준다. 손등으로 손뼉을 치면 요통이나 척추에 좋다.

· 손가락 끝 박수 : 열 손가락을 마주 보게 한 다음 손가락 끝 부위만 부딪치는 방법으로 손뼉을 쳐준다. 손가락 끝 박수는 눈의 피로를 자주 느끼는 사람, 코감기나 코피가 자주 나는 사람들에게 좋다.

· 목 뒤 박수 : 양팔을 쭉 올려서 목 뒤로 보낸 뒤 서로 힘차게 부딪치는 방법으로 최대한 힘차게 손뼉을 쳐준다. 목 뒤 손뼉을 치면 어깨 부위의 피로를 풀어주는 것은 물론 팔 부위 다이어트에 좋다.

치아 관리

치아는 오복 중의 하나다. 아무리 좋은 음식도 치아가 건강해야 맛있게 잘 먹을 수 있고 턱 근육을 강화해서 씹는 즐거움도 느낄 수 있다.

치아가 건강하지 않으면 음식을 그냥 삼키거나 고기도 먹지 못하고 국물만 먹게 된다. 그렇게 되면 짧은 시간에 많은 열량을 섭취하여 당뇨와 같은 성인병에 걸릴 수 있고 기억력이나 인지능력에 영향을 미쳐 치매에 걸릴 확률도 증가한다.

옛날의 치아 관리

옛날 사람들은 소금으로 치아를 닦고 관리했다. 치아를 닦고 더운 물로 헹궈내면 염기가 잇몸을 튼튼히 해준다고 믿었다. 소금이 없는 경우에는 쑥을 달인 물을 이용하거나 버드나무 가지 끝을 잘게 해서 치실처럼 사용하기도 하고 녹차로 입가심을 하기도 했다. 갈아야 할 치아가 흔들리면 실로 묶어 뺀 다음 새 치아가 잘 나라고 지붕 위로 던지는 일도 있었다.

요즘에는 임플란트도 있고 틀니도 있지만 아무리 좋아도 처음 치아를 대체할 수 없으므로 치아를 잘 관리하는 것이 무엇보다 중요하다. 틀니나 임플란트의 경우, 음식물이 치아에 끼거나 씹을 때의 식감도 좋지 않고, 영구적이지 않아 수시로 병원 신세를 져야 한다.

잇몸

'이가 없으면 잇몸으로 먹는다.'라는 말이 있듯, 잇몸이 중요하다. 치아가 튼튼하지 못한 것은 유전적 요인도 있지만, 치아 관리를 잘못해서 올 수도 있다.

30여 년 전부터 잇몸에 이상이 생겨 치아가 흔들리고 치통에 시달렸다. 약국에 들러 약사와 상담하고, 잇몸 질환을 개선해주는 기능성 치약을 사용하게 되었다. 하루에 3번 식후에 이를 닦고 5분 동안 입안에 물고 있다가 닦아 냈다. 염기가 있어 거북하지만, 치아에 도움이 되었다.

3년 전에는 건강보험공단에서 지원해주는 임플란트 2개를 했다. 별 지장 없이 사용하지만, 원래의 치아보다는 좋지 않다.

치아 관리 방법

- 잇몸 질환 기능성 치약으로 하루 3번씩 식후에 이를 닦는다.
- 양치질하고 5분 동안 입안에 물고 있다가 깨끗한 물로 헹군다.
- 사용한 칫솔은 소금물에 담가서 치약과 함께 사용한다.
  (칫솔의 나쁜 균을 소금물로 소독)
- 잇몸 이상 시 잇몸 영양제를 사서 식후에 1정씩 복용한다.
- 치아의 뼈를 튼튼히 해주는 멸치나 과일 등을 즐겨 먹는다.
- 딱딱한 음식, 찬 음식, 찬물은 먹지 않는다.

슬기로운 3쾌 생활

　건강은 자랑하는 것이 아니고 건강할 때 지키는 것이다. 기관지 천식과 척추관협착증을 잘 이겨내고, 건강 걱정을 하지 않고 있는데, 잠잘 때 소변이 자주 마렵고 소변볼 때 불편했다. 또한 입술과 혀에 침이 마르고 혀가 붉은색으로 나타나, 병원과 한의원, 대학병원 등을 다니며 치료를 받았다.

　노년에 오는 병으로 속 쓰림이 원인이라고 하였다. 큰 병으로 생각하고 허겁지겁 이 병원 저 병원 옮겨 다니며 1개월 이상을 치료받았다.

　내가 병원 신세를 지다 보니, 나만 어려운 것이 아니라, 가족들도

고통이었다. 가족 모두가 건강해야 가정이 평안하다는 것을 알고, 건강에 더욱 관심을 가지게 되었다.

100세 넘게 사는 어른들을 보면 평소 잘 먹고 잘 자며 뱃속이 편하다고 말했다. 쾌식, 쾌휴, 쾌변 관리를 잘하면 건강 걱정은 하지 않아도 된다. 잘 먹고, 잘 쉬고, 변을 잘 보는 것이 건강의 기본이다.

쾌식 생활

아침은 머슴처럼 간단한 메뉴로 소식하고, 점심은 정승처럼 먹고 싶은 음식 맛있게 먹으며, 저녁은 걸인처럼 단식하듯이 먹는 식생활 방법을 실천하고 있다.

식사하기 전에 들깨 분말을 1숟가락 먹는다. 들깨에는 오메가3 지방산이 많이 들어있어 들깻잎을 먹거나 들기름으로 나물을 무쳐 먹어도 좋다.

식사가 끝나면 볶은 멸치와 은행 5알, 제철 과일과 커피를 마신다. 제철 과일은 셋째 정주가 챙겨주고, 들깨 분말과 토마토는 30년 넘게 먹고 있다.

몸에 필요한 음식을 챙겨 먹는다. 음식을 골고루, 규칙적으로 먹는다. 타고난 체질과 식생활 습관에 맞는 음식을 선택해서 쾌식 생활을 실천하고 있다.

쾌휴 생활

나이 들어 가장 큰 걱정은 쾌휴 생활에 지장을 주는 불면증이다.

불면증은 잠을 자고 싶은데 머리가 띵하니 아프거나 정신이 혼미해져서 제시간에 잠을 이루지 못하는 경우를 말한다. 불면증은 낮에 침대에 드러누워 있거나 움직이지 않아 생기는 경우가 종종 있다.

불면증을 이겨내기 위해서 낮에 잠을 자지 않고 등산이나 농장일로 피곤하게 보내니 꿀잠을 잔다.

내 생체시계는 밤 9시부터 새벽 4시까지이다. 밤 9시가 되면 불과 텔레비전을 끄고 7시간 깊은 잠을 잔다. 낮잠을 자지 않고 운동을 열심히 해서 쾌휴 생활을 실천하고 있다.

쾌변 생활

건강한 변은 건강한 몸을 알려 주는 청신호다. 소변과 대변을 보고 나서 기분이 상쾌하고 속이 시원해야 건강하다. 소변 줄기가 약하거나 소변 시간이 길거나 색깔이 정상이 아니면 건강에 이상이 있다.

건강이 나빠지는 원인으로 운동과 음식뿐만 아니라 생활 습관도 무시할 수 없다. 화를 내면 머리가 뜨거워져서 정신이 맑지 못하고, 차가운 음식을 먹으면 위에서 따뜻하게 데워 소화를 시켜야 하므로 기력이 약화할 수 있으며, 몸이 차가우면 각종 질병이 찾아올 수 있다.

건강한 변은 색깔과 크기가 바나나와 같아야 한다. 대변 후 1.5초의 시간이면 본인의 변을 확인할 수 있다. 만일 변에 이상이 있으면 원인을 알고 처방을 해야 한다. 소변과 대변의 모양과 크기, 색깔을 규칙적으로 관찰하면서 쾌변 생활을 실천한다.

따뜻한 몸 유지

· 따뜻한 물과 음식을 먹는다.
· 반신욕과 족욕, 그리고, 목욕을 한다.
· 운동하고 땀을 흘린다.
· 수면 양말 신는 것을 습관화한다.
· 적당한 일거리를 찾아서 일한다.

금연과 금주

금연한 지 40여 년이 지났다. 지금 생각해도 정말 잘한 일이다. 술을 끊지 못하는 나를 보면 어떻게 담배를 끊을 수 있었는지 의문이 간다.

젊은 시절부터 피워왔던 담배를 끊는다는 것은 쉽지 않았다. 이를 악물고 몇 번이나 끊거나 피우기를 반복하면서 피 말리는 시간을 보냈다. 결정적인 것은 기관지 천식으로 고생하는 아버지를 보면서다.

기관지 천식이 있었기에 금연이 더욱 절실했다. 담배는 암과 뇌혈관질환 그리고 심혈관 질환에 위험한 것은 물론 몸속에 있는 세포를 변형시키고 혈관을 막아 건강에 해롭고 노화를 앞당긴다.

백해무익 담배

담배는 연초의 잎을 원료로 한다. 연초는 한해살이 식물로 40여 개의 넓고 길쭉한 잎을 가지고 있으며 연초의 잎을 말려 피우거나 냄새 맡기에 적합한 상태로 제조한 것이 담배다.

어릴 때만 해도 동네에 담배건조장이 있어 동네 어른들은 말린

잎을 종이에 싸서 피우기도 했다. 담배는 폐암을 일으키는 타르와 중독성이 강한 니코틴이라는 것 외에도 인체에 해로운 수많은 성분이 있다. 유해 성분의 심각성을 깨닫기 전에 사람들은 담배를 무슨 보약이나 되는 것처럼 피웠으나, 담배에 대한 인식이 바뀌면서 많은 사람이 금연에 동참하고 있다.

금주

담배를 끊었으니 팔십 평생 즐겨 먹던 술을 끊으려 한다. 몸이 아픈 것도 아니고 수영장과 탁구장 그리고 농장을 다니면서 건강을 유지하고 있는데 술까지 끊어야 하는지 망설이다가도 친구들이 하나둘 떠나는 것을 보니 관심이 더 간다.

금연이 금주보다 더 힘들다고 많은 사람은 말한다. 이런 것을 보면 금주 또한 하지 못할 것은 아니라는 생각이다. 하지만 생활에 있어 금주가 금연보다 더 힘들다는 생각이 든다. 가족이나 친구들과 모일 때, 술 한잔하는 것에 익숙해져 있으니, 권하는 술을 거절하기 쉽지 않다. 지금까지 살아오는 동안 친구이자 추억이어서 그런가 보다.

술술 마셨던 술

초등학교 다닐 때는 집에서 술을 만들어 먹었다. 어른들 옆에서 맛도 모르고 마셨던 것 같다. 그것이 술에 대한 첫 기억이다. 중학교 때 술 마신 기억은 없고 사범학교 시절에 친구들과 술을 마시고 고생한 기억이 있다.

내가 겁 없이 술을 마신 것은 첫 발령지였던 석송초등학교에서였다. 학교 일과가 끝나면 주막집에 들러 40도가 넘는 소주를 마셨다. 안주는 고추장에 고추나 마늘을 찍어 먹는 정도였으며 학부모 대접을 받는다고 해도 노가리나 두부가 들어간 김치찌개가 전부였다. 기분파 술, 폭주의 술이었다.

아침도 못 먹고 출근할 정도였으니 건강이 나빠진 것은 당연하다. 그 당시 술 잘 먹는 사람들은 주당의 5대 강령까지 만들어 자랑했다. 즉 '생사 불고, 청탁 불고, 사후 불고, 원근 불고, 염치 불고'라면서 겁 없이 술을 먹었다. 지금 생각하면 상상도 못 할 일이다.

교육지원청과 교육연수원 장학사 시절에도 술자리가 되면 소주와 맥주를 섞은, 일명 폭탄주를 만들어 먹었으니 건강에 적신호가 온 것은 당연하다.

술 제조 방법

지금은 맥주와 양주, 개인이 빚은 특산주를 포함한 여러 종류의 술이 있지만 젊었을 때는 막걸리나 소주가 전부였다.

주로 막걸리를 마셨는데, 막걸리는 가마솥에서 꼬들꼬들하게 고두밥을 한 다음, 누룩과 이스트를 잘 섞어서 물과 함께 항아리에 담가 둔다. 일주일 후에 용수를 깊숙이 넣은 다음에 막걸리를 걸러낸다.

맑은 술은 동동주로 사용되고, 나머지 술 찌꺼기는 배 보자기에 싼 다음에 맑은 물을 섞어 손으로 주물럭주물럭하면 막걸리가 된다. 요즘은 과일과 채소를 첨가해서 다양한 막걸리를 만들기도 한다.

멈추지 않는 도전, 금주!

젊은 교사 시절부터 정년퇴직할 때까지 거의 하루도 거르지 않고 술을 마셨다. 퇴직 후에도 술자리가 있으면 욕심을 버리지 못하고 마셔서 다음날 고생했다. 이젠 나이 먹었다는 것을 실감한다. 나이에 장사 없다고 나이를 먹으니 술을 이겨낼 힘이 달린다.

금주를 결단하고 가족과 주변에 알렸다. 술 좋아하는 나를 알기에 왜 술을 끊느냐고 묻는다. 너무 많이 마셔서 술독이 넘쳤다고 말하자 지인들은 먹던 술을 끊으면 죽는다는 농담까지 했다.

술을 끊으니 술자리를 멀리하게 되고 친하던 친구들도 덜 만나게 되었다. 아쉬움은 있지만 오래도록 건강하게 살려면 술을 끊어야 한다. 가끔 술자리에 가면 술이 아닌 건강주라 생각하면서 한두 잔만 마신다. 가족과의 우애 주, 제자와의 사랑 주, 친구와의 우정 주, 농장의 농주, 집사람과 반주만 한다.

한두 잔은 혈액순환에도 좋다고 한다. 담배 끊는 일에 비하면 아

무엇도 아니라는 생각이 들면서도 완전히 끊지 못하는 것은 가족이나 친구들과 어울리다 보니 기분에 젖어 그런 것 같다. 나이 들어 체력이 떨어지니 확실하게 끊어야 할 것 같다. 아무리 양이 적더라도 술은 술일 뿐이다.

건강한 가족 관계

나이 팔십에 큰 병 없이 사는 것은 천만다행이다. 그렇다고 아예 병원 신세를 지지 않는 것은 아니다. 체력에는 장사가 없다는 말처럼 가끔 병원에 간다.

얼마 전에도 동네 병원에서 37,600원을 내고 진찰을 받았다. 다음날에는 188,500원을 내고 위내시경을 받고, 처방 약을 19,800원어치 지어왔다. 최근 들어 가장 많은 병원비를 지출하고, 진찰받고 보니 마음이 불안했다.

내 소식을 듣고 서울에 사는 큰아들이 내려왔다. 30분 정도 걸려서 세종에 있는 충남대학교병원에 갔다. 입원할 정도는 아니라는 말을 듣고서야 마음이 놓였다. 큰아들 경주가 예약한 서울 삼성병원도 다녀왔는데 같은 결과라 다행이었다.

죽을병에 걸린 것처럼 걱정하는 나를 보고, 아내도 많은 걱정을 하였다. 지금 이 나이에 무엇을 바라겠는가? 아내와 건강하게 오래 살면서 손자며느리와 손녀사위를 보는 것이 아닌가? 오래 사는 것이 중요한 것이 아니라, 어떻게 사는 것이 중요하며 건강이 제일 소중하다.

건강한 웃음과 즐거운 낭송

웃으면 젊어지고 화를 내면 늙어진다는 말이 있다. 나이가 들수록 피할 수 없는 것이 노화다. 노화는 눈이 어두워지고 귀가 들리지 않으며 얼굴에 주름살이 생기는 등, 누구나 거치는 과정이다.

노화를 두려워하지 않고 당당하게 맞으려 한다. 아프면 치료하는 시대에서, 예방하는 시대가 되었다. 노화를 예방하기 위해 가끔은 큰 소리로 웃는 것도 좋다. 혹여나 화가 나면 소리 내 울거나 누군가에게 이야기해서 푸는 것도 좋다.

만약 누군가 울고 있다면 이야기를 들어주고 손수건을 건네주는 여유도 갖자. 희로애락에 긍정적으로 대처하다 보면 노화도 천천히 오고 치매도 예방할 수 있다.

건강한 웃음

아침에 일어나면 쉽게 할 수 있는 '가나다라마바사아자차카타파하'나 '아야어여오요우유의이'를 해도 좋고, 큰 소리로 '하하하, 호호호'처럼 웃는 것도 좋다. 한 번의 웃음소리가 하루를 즐겁게 할 수 있다.

웃음은 스트레스를 해소해주고 혈압을 정상으로 돌아갈 수 있도록 도와주며 삶에 대한 의지를 북돋아 준다. 입 전체 근육을 사용하여 뱃속 깊숙한 곳으로부터 울려 나올 수 있도록 하는 것이 효과가 있다.

웃음의 종류에는 호탕 웃음, 함박웃음, 포복절도, 싱글벙글, 요절

웃음소리와 효과

• 하하하 : 손을 가슴에 자연스럽게 얹고 울림을 느끼면서 큰 소리로 '하'를 반복하면 심장과 폐의 운동을 도와 노년의 건강에 도움이 된다.

• 호호호 : 손을 복근에 올려놓고 내장을 마사지해주는 느낌으로 '호'를 반복하면 마음이 편안해지고 아래 뱃살을 빼주면서 노년의 건강에 도움이 된다.

• 허허허 : 머리를 자연스럽게 잡으면서 큰 소리로 '허'를 반복하면 두뇌활동을 활성화해주고 머릿속이 가벼워져 스트레스도 풀 수 있어 노년의 건강에 좋다.

• 히히히 : 입 근육을 풀어주고 입꼬리를 좌우로 당기면서 큰 소리로 '히'를 반복하면 입과 치아의 활동이 활발해지고 뇌로 전달되어 치매 예방에 효과적이다.

• 후후후 : 손을 배꼽 아래에 놓고 '후'를 반복하면서 호흡을 하면 아랫배가 한결 가벼워지고 내장이 튼튼해지며 쾌변할 수 있어 노년의 건강에 좋다.

• 헤헤헤 : 두 손으로 목 주위를 부드럽게 잡고 목 근육에 영향을 미치는 것을 느낄 수 있을 정도로 '헤'를 반복하면 목 근육을 강화하고 목 주위를 튼튼하게 하며 목소리도 부드럽게 해주어 낭독할 때 기분을 좋게 해준다.

복통, 배꼽 잡기 웃음 등 다양하다. 건강한 웃음을 생활 속에서 실천하자.

시 낭송과 글쓰기

현대 사회는 영상매체인 텔레비전과 인터넷을 통해 세상 돌아가는 뉴스를 손쉽게 접할 수 있다. 그러나 영상매체는 접근이 쉽지만, 활자매체인 책이나 신문보다 깊이 생각할 시간이 짧다.

책이나 신문은 시각과 청각을 자극해서 기억에 오래 남는다. 시간이 오래 걸리더라도 책과 신문을 읽는 것이 좋다. 없을 때는 광고물이라도 큰 소리로 읽으면 두뇌활동에 도움이 된다.

시 낭송도 마찬가지이다. 입 주변에 있는 근육이 활동하게 되고 말소리도 또박또박해지며 내 목소리가 울려 퍼지는 것을 느낄 수 있어 좋다.

바른 자세로 책 읽기

- 의자를 당겨 앉아서 책을 읽는다.
- 다리를 꼬고 앉아서 책을 읽지 않는다.
- 팔을 자연스럽게 책상에 걸치고 책을 읽는다.
- 허리를 곱게 펴고 앉아서 책을 읽는다.
- 바지 뒷주머니에 지갑을 넣고 앉아서 책을 읽지 않는다.
- 두 발을 모아 바닥에 닿도록 하고 책을 읽는다.
- 책과 눈의 거리를 알맞게 하고 책을 읽는다.

글쓰기에 도전해 보는 것도 좋다. 억울하거나 짜증이 났던 일들이 글 쓰는 과정에서 자연스럽게 반전 효과를 가져오고 정서적으로 안정을 가져오게 된다.

천재 머리보다 몽당연필이 낫다는 말이 있다. 손으로 쓰다 보면 인지기능을 향상하는데 탁월한 효과가 있다. 글쓰기를 멈추지 말고 꾸준히 하면 좋다.

'노년의 건강지킴이' 예찬가

노년의 건강한 삶을 실천하고 싶다. 아내를 고생시키지 않고 건강하고 행복하게 사는 것이 꿈이다. 아내와 같이 새소리를 듣거나 꽃구경도 하고, 노래를 들으면서 흥얼흥얼 따라 부르는 것이다.

마주 손잡고 노래를 부르면서 웃다 보면 입 근육 운동을 하게 되고, 자연스럽게 스트레스도 풀리니 더없이 좋다. 그렇게 살기 위해 내가 하는 여러 가지 생활과 운동을 기반으로 노래를 만들었다.

틈나는 대로 '건강블루스' 노래를 부르면서 생활하려고 한다. 아내는 내 노래를 듣고는 정말 똑같다고 말했다. 교직을 떠나면서부터 부지런히 끈질기게 실천하고 있으니 당연하다. 앞으로도 운동량과 운동 강도, 운동시간을 잘 지키면서 오래도록 건강하고 행복하게 살고자 한다.

건강블루스　　　　　작사 : 이은호

새벽 잠자리에 깨어나 달려가는 수영장
편백숲 헬스장 수영장 땀 흘리는 3시간
수영장 12년이 고맙게 지켜주네 나의 건강

농한기에 언제나 즐겨 찾아가는 탁구장
내가 즐기며 하는 최선의 운동 탁구
탁구장 20년에 시장기 대회 우승의 영광

해 뜨면 찾아가는 고향의 정송 농장
컵라면 막걸리로 지는 해 모르는 농장일
농장 생활 20년에 농작물 40종 가꾸는 재미

수요일은 나에게 최강의 극기훈련 전국등산
백두산 한라산 금강산 울릉도 독도 백령도
등산 18년에 900회 20년 1000회 이루려 하네

화목일은 노년의 여가선용 취미생활 서예 교실
한글서예 전서 예서 해서 행서 초서
서예 교실 20년이 나의 치매 건망증 막아 주네

건강 일과표

생활 습관과 사고방식은 건강한 삶에 영향을 준다. 노년 생활도 마찬가지다. 나이가 들면 노화되기 때문에 무기력한 생활이 당연하다고 생각하면 안 된다. 나이가 들수록 새로운 일에 도전해야 한다.

퇴직하고 갑자기 늙었다는 사람들을 종종 본다. 생활 리듬이 깨지고 움직이지 않아 게을러졌기 때문이다. 늙어서도 건강하고 행복하게 살려면 슬기로운 생활을 해야 한다.

움직이는 삶

가족 모임에서 제일 먼저 살피는 것이 복부다. 복부 비만은 만병의 근원이라고 하며 대부분 게을러서 생긴다. 건강을 잃으면 100세 인생에 동참할 수 없다.

부지런히 움직여야 한다. 동네를 산책하는 일부터 하면 좋다. 둑길을 걸을 수도 있고 공원을 산책할 수도 있다. 둘레길도 괜찮은 운동코스다. 일단 집에서 나가는 것부터 시작하면 좋다.

만약 밖에서 할 수 없다면 집안에서 운동해야 한다. 걸을 수도 있고 의자나 책상을 이용해서 할 수도 있다. 그것도 버겁다면 드러누워서 하는 운동도 있다. 다리를 올리거나 양쪽 발을 톡톡 치는 것도 좋다. 움직이는 삶만이 복부비만을 해결하고 건강한 삶을 선물 받을 수 있다.

부지런한 삶

소식과 다동으로 10kg 이상 줄였다. 현재 65kg이니 무릎에 무리가 가지 않아 좋다. 다만 기력이 떨어진 것은 어쩔 수 없는 것 같다. 그 대신 부지런하게 낯선 생활을 경험하려고 한다.

복지관에 다니더라도 좀 일찍 가서 다른 곳을 둘러보기도 하고, 배울 것이 없나 챙겨보기도 한다. 집에서 텔레비전을 볼 때도 같은 프로그램만 보지 않고 낯선 프로그램을 통해 색다른 경험을 하려고 한다.

다른 곳에 관심을 가지면 두뇌의 편도체가 자극받아 해마를 활성화해주고 기억력을 강화해준다. 고스톱이 치매 예방에 별다른 효과가 없다고 말하는 것은 아는 규칙을 반복하기 때문이다.

저녁때 컴퓨터에서 고스톱 게임을 하는 것은 불면증으로 고생하는 아내의 잠자리에 도움을 주려는 것이다. 아내가 잠드는 것을 보고 나도 불을 끄고 조용히 잠자리에 든다.

만약 화투를 친다면 규칙을 다시 만들고 평상시와 다른 방법으로 화투 놀이를 하는 것이 좋다. 늙을수록 부지런히 움직여야 건강한 삶을 유지할 수 있고, 치매 예방에도 좋다. 날마다 새로운 방법이나 규칙을 찾아 실천해 보자.

규칙적인 삶

현대 사회는 출퇴근 시각이 자유로워 잠자는 시각도 다르고 일어나는 시각도 다르지만, 밤 9시가 넘어가면 잠자리에 들고 7시간 이상 자야 좋다.

건강한 삶을 살려면 매일 같은 시각에 자고 같은 시각에 일어나고, 잠자리에 들어서는 근심이나 걱정을 하지 말아야 한다. 텔레비전이나 음악을 틀어놓고 자는 것은 나쁘며 습도와 온도도 적절히 유지하는 것이 좋다. 낮잠을 자지 말고, 식사는 제시간을 정해서 먹는 것이 좋다.

규칙적인 생활을 하면 건강 일과표가 자연적으로 만들어진다. 건강 일과표는 움직이는 삶, 부지런한 삶, 규칙적인 삶으로 건강을 지켜주는 이정표가 되니 자신에 맞게 만들어서 실천해 보면 좋다.

건강 일과표

- 0시~4시 : 잠자기(21-04:00) 7시간 지키기
- 4시~5시 : 기상, 잠자리 운동(손발 마사지 기지개 켜기).
  수영장 출발
- 5시~8시 : 수영장(주 6회) 편백나무 숲 산책(30분),
  헬스장(60분), 수영장(수영, 마사지, 세면 60분),
  차량운행 왕복(30분)
- 8시~9시 : 아침 식사(머슴처럼): 정시식사 채소, 과일,
  소식하기
- 9시~12시 : 신문, 책 보기, 컴퓨터 하기
- 12시~13시 : 점심 식사(정승처럼): 꿀맛 식사, 육식,
  해물 다양한 식사
- 13시~17시 : 농한기: 탁구장에서 운동(2~3시간)
  농번기: 농장 생활하기(5~8시간)
  매주 수요일: 전국등산, 화요일 목요일: 서예, 탁구
- 18시~19시 : 저녁 식사(걸인처럼): 채소, 과일, 소식하기
- 19시~21시 : 일기 쓰기, 전기 쓰기, 텔레비전 보기(앉아서)
- 21시~24시 : 잠자기(텔레비전 끄고, 불도 끄기)

제 2 장

가난한 선생과
부자 농부

일제강점기와 광복

기묘년인 1939년 8월 그믐(음력), 충남 공주시 정안면 화봉리 재집말에서 태어났다. 내가 태어날 당시, 아버지는 23세, 어머니는 17세였다. 전주 이씨 덕천군파이고, 집안 장손이다.

부모를 일찍 여의고 힘들게 살아오신 아버지께서는 내가 태어나자 무척 기뻐셨다고 한다. 가정을 이루고 얻은 아들이니 얼마나 뿌듯하셨을까! 어머니께서도 세상을 다 얻은 것만큼 행복해하셨다고 한다. 내 밑으로 남동생 3명과 여동생 1명이 있다.

내가 태어난 1939년은 일본이 식민 통치를 했던 일제강점기였다. 가난하고 아픈 상처를 어떻게 극복하였는지 상상하기조차 싫다. 특히 일본의 억압과 학대는 잊으려 해도 잊히지 않는 슬픈 역사다.

1945년 8월 15일 일제 식민 통치에서 벗어나 나라를 되찾았다. 광복의 기쁨을 안고 1947년 4월 1일 석송초등학교에 입학했다.

초등학교

여덟 살에 정안초등학교 석송분교에 입학했다. 반듯한 교실 하나 없이 석송리 안말에 있는 공회당에서 공부했다. 고학년은 이광묵

선생님, 나의 담임은 이상우 선생님이셨다.

담임 선생님은 매우 인자하셨다. 다른 학년과 합반을 했기 때문에 가끔 마당에 나가서 수업했는데, 한번은 계룡산을 그리라고 했다. 보이지 않는, 보지도 않은 계룡산을 그리게 한 것은 아마도 민족정신과 상상력을 키워주려고 하셨던 것 같다.

얼마 후, 석송초등학교로 승격되었다. 제헌 국회의원을 지낸 신방현 국회의원이 석송초등학교 터를 기증했고, 김기영 선생님이 초대 교장 선생님이었으며 학교명은 석송리 지명을 따서 석송초등학교로 정했다.

학교 다니는 것이 즐거웠다. 동네 형과 누나를 따라 석송초등학교까지 걸어 다녔다. 우리 집은 살기에 바빠 부모가 조력자 역할을 해주지 못했고, 학교에서 돌아오면 부모를 도와 일부터 해야 했다.

공부를 잘하기 시작한 것은 초등학교 3학년 때부터다. 한참 뒤 공부 잘하던 여자 동창을 만나 이야기를 들어봤는데, 2학년 때까지는 공부 잘하는 학생은 아니었던 모양이다.

담임선생의 칭찬이 공부를 잘할 수 있는 계기가 된 것 같다. 내 방학 숙제를 보고 친구들 앞에서 칭찬해 준 것이 공부에 대한 자신감과 용기를 주었고, 이 칭찬 한마디가 나를 우등생이 될 수 있도록 만든 것이다.

초등학교 4학년 때 6·25 한국전쟁이 났다. 전쟁이 나서 뒤웅박 골로 피난 간 것을 빼고는 다시 학교에 가서 공부했다. 문제는 교실이 부족하여 야외에서 가마니를 깔고 공부했다.

산을 넘어 석송초등학교까지 어렵게 다니면서도 공부할 수 있다는 것이 좋았다. 추운 겨울에는 손을 호호 불어가면서 공부했다. 여건이 좋지 않았다. 서경석 선생님이 담임이었고, 김기영 교장 선생님이 계셨다. 김기영 교장 선생님이 건강 때문에 학교를 그만두고, 임형수 교장 선생님이 오셨으며 6학년 때 담임은 김용환 교감 선생님이었다.

학교에 다녀와서는 소를 끌고 풀밭으로 가서 소에게 풀을 뜯게 하면서 책을 읽었으며, 공부할 수 있는 시간이 부족하여 밥을 먹으면서도 책을 펴놓고 공부하였다.

트럭 타고 졸업여행

초등학교 4학년 때 일어난 6·25 한국전쟁은 6학년이 되어도 끝나지 않았다. 정전협정이 체결되지 않아 전쟁 중이었지만 내가 사는 공주에서는 일상적인 생활이 이루어지고 있었다.

초등학교 6학년 때 트럭을 타고 졸업여행을 간다고 해서 기분이 좋았다. 졸업여행 장소는 부여의 부소산이었다. 삼천궁녀가 떨어졌다는 낙화암과 고란사 그리고 백마강을 구경하는 일정이었고 김용환 담임선생님이 인솔자였다. 아침밥도 대충 먹고서 어머니가 싸준 도시락을 들고 학교에 갔다.

트럭 바닥은 철판이라 앉기도 불편하고 하늘은 훤히 보여 흙과 자갈로 된 비포장도로를 달리자 먼지가 트럭 안으로 들어왔다. 먼지를 마시고 뒤집어쓰면서도 마냥 즐거웠다.

　미군 비행기에서 쏜 폭탄에 의하여 공주 금강교가 끊어져 문제가
생겼다. 사람과 자동차를 배에다 싣고 건너야 했다. 자동차를 건너
주는 배를 타고 금강을 건넜다. 트럭을 타고 부여에 도착해보니 먼
지투성이였다. 뽀얗게 먼지로 덮인 옷부터 털어야 했다.

　부소산에 올라 낙화암과 고란사 그리고 백마강을 구경했다. 아직
도 기억에 남는 것은 간장을 싸늘하게 했던 낙화암 절벽이다. 정말
무섭고 아찔했다. 지금 생각하면 삼천궁녀가 몸을 던졌을까? 할 정
도로 높아 보이지 않는데, 그 당시에는 바위가 무척 높아 보였다.

　싸 온 도시락을 꺼내 찬밥인 줄도 모르고 맛있게 점심을 먹었다.
앞으로 백마강이 보이고, 배가 유유히 떠다니고 있었으며 새소리도
들려왔다. 점심을 먹고 당나라 장수 소정방이 공적을 과시하기 위
해 세웠다는 정림사지 오층석탑과 부여 시내 일원을 시간 가는 줄
도 모르고 구경했다.

온몸에 먼지를 맞으면서 금강에 도착했는데 문제가 생겼다. 금강을 건너야 할 자동차가 너무 많이 밀려 있었다. 찬바람 맞으며 트럭 위에 쪼그려 앉아 밤을 꼬박 새웠다.

돈이 없어 음식을 사 먹지도 못했다. 한 친구는 잠을 자다 트럭에 오줌을 싸기도 했다. 트럭 안은 야단법석이었고 담임선생님은 여벌 옷이 없어 어찌할 줄을 몰랐다.

70여 년이 지난 지금도 잊히지 않는 트럭 여행이다.

보고 싶은 사람들

담임선생님은 고생한 제자들을 그냥 집으로 보낼 수 없다며, 도로변에 사는 박순철 선생님댁으로 가서 아침밥을 먹고 집으로 돌아갈 수 있도록 해주셨다. 제자 사랑이 유독 컸던 담임선생님이었다.

담임선생님께서 수업 시간에 땀을 뻘뻘 흘리며 공부를 가르쳐 주던 모습이 생각난다. 그 열정은 나의 교직 생활에 있어 본보기가 되었다. 담임선생님과 친구들을 다시 만나 옛날의 추억을 되살릴 수 있는 졸업여행을 또 가고 싶다. 정말 보고 싶은 친구들이다.

세상은 많이 변했다. 관광버스를 타고 부모가 주는 용돈으로 휴게소에서, 여행지에서 먹고 싶은 것 마음껏 먹는 아이들을 보면 부럽기도 하고 우리나라가 많이 발전한 것 같아 기분이 무척 좋다.

초등학교 3회 졸업생

중학교 입학할 때는 국가연합고사가 있었다. 성적에 따라 원하는 학교로 진학할 수 있었고, 김용환 담임선생님은 나에게 좋은 성적을 낼 수 있도록 많은 가르침을 주셨다. 친구 이광하와 오막살이 학교 사택에서 합숙했다. 냄비에 밥을 하고, 된장만 푼 김칫국으로 생활했다.

학원에 다니거나 과외를 받을 수 있는 시절이 아니었다. 시골이라 정보를 얻기도 쉽지 않아 책으로만 공부했고, 모르는 것은 담임선생님의 도움을 받아 공주사범학교병설중학교에 진학할 수 있었다.

초등학교 6년을 개근하고 우등생으로 졸업했다. 석송초등학교 3회 졸업생이며 33명이 졸업했다. 10여 명 정도 중학교에 진학했고, 여학생보다는 남학생이 많았다.

남의 자녀는 가르쳐도 자기 자녀는 못 가르친다는 말이 있다. 우리나라가 광복되고 얼마 지나지 않은 시절이라 모두가 힘들었는데도 최선을 다해 가르쳐 주셨던 담임선생님께 고마움을 전한다.

고행과 의지의 면학

초등학교 입학할 때의 기억은 잘 나지 않는다. 동네 친구들이 학교에 가니 나도 간 것 같은데 중학교는 달랐다. 누구나 갈 수 있었던 것도 아니었기에 내 의지와 노력도 많이 작용했다.

김용환 담임선생님께서는 국가연합고사 성적이 좋은 나에게 서울에 있는 중학교를 권하였지만 가정 형편이 좋지 않아, 서울 진학은 접어야 했다. 어머니께서는 좋은 성적을 얻을 수 있었던 것은 담임선생님 덕분이라며 닭을 잡아 대접했다.

어머니의 교육열이 컸기 때문에 병설중학교에 들어갈 수 있었다. 공부를 잘해도 가정 형편이 어려워 중학교 진학을 못 하거나 가정 형편이 좋아도 교육열이 없으면 중학교 진학을 하지 못하던 시절이기에, 지금 이 나이 들어서도 어머니의 교육에 대한 열정을 잊을 수 없다.

공주사범학교 병설중학교

공주지역사회에서 수재들만 모인다는 학교다. 자부심을 느끼고 입학 준비를 했다. 가장 큰 걱정은 학교가 너무 멀었다. 교육열이 남달랐던 어머니께서는 이기화의 친척 집이 시내에 있다는 것을 알고, 이기화, 이기태, 이기석과 같이 한방에서 하숙할 수 있도록 해주셨다. 가난에 찌들었던 우리 집 살림살이에서 어머니의 교육 열정이 아니었다면 감히 상상할 수 없는 일이다.

6·25 한국전쟁이 1950년 6월 25일에 일어나, 1953년 7월 27일 정전협정이 체결되었으니 병설중학교에 입학할 때는 전쟁이 끝나기 전이었기에 폐허가 된 교실에서 공부했다.

머물 곳이 정해졌다는 것만으로도 기뻤다. 공주시 금성동 교동초등학교 옆에서 학교까지 걸어서 다녔다. 방은 추워서 이불을 둘러쓰고 잠을 자야 했다. 아침에 일어나면 잉크병이 꽁꽁 얼어 있었고, 찬물에 세수하려면 손이 시렸다. 한번은 추운 방에서 잠자다 심한

감기, 몸살에 걸리기도 했다. 아침밥도 못 먹고 학교에 가다가 도중에 쓰러져 다른 사람의 도움을 받아 학교에 간 적도 있었다.

중학교 때는 교동 향교 옆과 기태네 일가, 봉황동 집, 중학동 이광하 집, 옥룡동 서남식 선생 집(신동민 매형 집), 그리고 산성공원 아래에 있는 집 등에서 하숙을 했다. 공부만이 살길이었던 시대였다.

3년간 개근하고 우등생으로 공부했다. 3학년 때는 학급 실장을 했다. 이건동 담임선생님이 무척 아껴주셨는데, 보답도 하기 전에 돌아가셔서 마음이 무척 아팠다. 그렇게 공부한 결과, 전국의 수재들이 모인다는 공주사범학교에 입학했다.

공주사범학교

사범학교에 들어가서 1학년 때 실장을 했다. 이충구 담임선생님은 자상하고 인자하셨다. 가끔 중국집에 데리고 가서 자장면을 사주시기도 했다. 사범학교 다닐 때는 주장환, 김철식과 같이 자취했다.

주장환은 집이 넉넉해서 쌀과 좋은 반찬을 가지고 왔고, 하숙비를 자취방에 내놓기도 했다. 김철식은 형편이 어려워 가끔 동생까지 와서 먹고 갔다. 나는 쌀자루와 보릿자루 그리고 어머니가 해주신 된장, 고추장, 장아찌를 들고 와서 풍로에 솔방울과 나무 장작으로 불을 피워서 밥을 해 먹고 학교에 다녔다.

사범학교 때는 주로 자취를 했는데, 금학동 부설초교 옆집, 제사당 앞집, 중동 성당 아래 등을 옮겨 다니면서 했다. 우리는 당번을 정해 돌아가면서 밥을 했는데, 배가 고플 때는 자기 밥은 꼭꼭 눌러 담고 친구의 밥은 살살 담곤 했다. 주장환은 알면서도 우리 편에 늘 서 있었다.

자취하던 김철식과 주장환 그리고 고생을 같이해 온 이전규는 끈 끈한 우정을 지키며 학창 시절을 보내서 그런지 생각이 많이 난다. 내가 군대에 있을 때 어머니가 돌아가셨는데, 주장환과 김철식이 다녀갔다.

영원히 잊히지 않는 친구다. 김철식은 중등계로 나가 서울에서 중학교 교장으로 승진하고 6개월 만에 갑자기 세상을 떠났다. 계룡 선산에서 진행된 김철식의 장례를 지켜보며 온종일 슬펐던 기억이 생각난다.

주장환은 미국에서 살다 돌아와 대전에 살고 있다. 주장환은 우리 내외가 미국 갔을 때 먼 곳까지 와서 반겨주곤 했다. 자주 보며 살아야겠는데 그렇게 하지 못하는 것이 아쉽다.

동창회장상과 교사의 길

사범학교 3학년 때 만리포 해수욕장에서 충청남도 학생회장들이 모이는 해양 훈련에 참석했다. 훈련받던 모습을 편집해 학교 본관 복도에 전시하고 전교생이 보는 조회 때 경험을 발표했다. 그때의 일을 떠올리니 가슴이 뿌듯하다.

사범학교 졸업할 때는 졸업생들 투표로 자랑스러운 졸업생으로 뽑혀, 졸업식장에서 동창회장상을 받았다.

중학교 3년간 우등생으로 공부하면서 학생회장을 지냈고, 사범학교 시절 운영위원장도 했으며 3년 개근했다. 초등학교 때부터 12년 개근이니, 당시의 어려운 환경을 생각하면 대견한 일이 아닐 수 없다.

사범학교 동기 전국동창회에 나가면 이러한 모임을 계속할 수 있게 된 공을 나한테 돌리곤 했다. 동기 동창회장을 하면서 운영의 틀을 다져 놓은 것은 나 하나의 노력이 아니라 동창들의 적극적인 협조 덕분이라 생각하고 있다.

교직 생활 43.5년을 하면서 제자들한테 쏟은 정열은 사범학교에서의 교육과 선후배 동창들의 애정 어린 관심과 배려 덕분으로 생각하고 잊지 않고 있다.

끝이 없는 공부

사범학교 졸업하던 날, 주장환과 김철식을 집으로 초대해서 밤늦도록 노래하며 시간을 보낸 것이 기억에 남는다. 김철식의 노랫소리에 동네 사람들이 다 모여 즐겼으며, 가슴 뿌듯해하던 아버지와 어머니의 모습도 잊을 수 없다.

사범학교를 졸업하고 모교인 석송초등학교에 첫 발령을 받았다. 어머니께서는 좋은 태몽을 꾸었다면서 꼭 성공할 거라고 힘을 실어 주셨다. 교장 되는 것도 못 보고 돌아가신 아버지를 생각하니 너무나 마음이 아프다.

사범학교는 지금의 고등학교다. 당시에는 사범학교를 나와 초등학교 선생을 했다. 좀 더 공부해야겠다는 생각으로 1973년도에 당시 2년제인 공주교육대학교(계절제)에 입학했다.

1983년에 한국방송통신대학교 3학년에 편입했다. 늦게 공부한다는 것이 쉬운 일은 아니었다. 학교 수업을 방송으로 들었고, 반복청취가 가능해서 학점을 이수하는 데는 어려움이 없었지만, 문제는 졸업시험이었다. 졸업하려면 필수적으로 영어 시험을 봤다.

2번 만에 합격하고 한국방송통신대학교를 졸업했다. 곧바로 공주대학교 교육대학원에 입학해서 졸업했다. 공부를 계속할 수 있었던 것은 나의 끈질긴 노력과 인내심 때문이라고 생각한다.

학력 사항

- 1947. 4. 1 ~ 1953. 3. 31 석송초등학교 졸업
- 1953. 4. 8 ~ 1956. 3. 23 공주사범학교 병설중학교 졸업
- 1956. 4. 7 ~ 1959. 3. 21 공주사범학교 졸업
- 1973. 3. 31 ~ 1974. 2. 12 공주교육대학교 졸업
- 1983. 3. 2 ~ 1988. 2. 29 한국방송통신대학교 졸업
- 1988. 3. 2 ~ 1991. 2. 27 공주대학교 교육대학원 졸업

군대 생활

공주사범학교를 졸업하고 석송초등학교에서 2년여 동안 근무하다가 1961년 2월 4일, 군에 입대했다. 석송초등학교에서 후배들을 가르치다가 군대에 가야 한다는 사실이 아쉬웠다.

석송초등학교 11회 졸업생들이다. 5학년 때는 2반, 6학년 때는 1반을 가르쳤는데, 졸업을 며칠 앞두고 입대하게 되어 사랑하는 제자들에게 졸업장을 주지 못하고 논산훈련소에 가는 것이 담임으로서 무척 마음이 아팠다.

훈련소에 가면서 가장 걱정했던 것은 출산을 앞둔 어머니였다. 어머니께서는 마음이 울적하다면서 군대 가는 날, 같이 군에 입대하는 석송리에 사는 이민묵을 불러 맛있는 점심 식사를 차려주셨다. 어머니께서 해주신 마지막 음식이었다.

논산훈련소

박노윤, 김웅일, 이민묵과 같이 입대했다. 연대가 달라 훈련 중에는 만날 수가 없었고, 1주일에 한 번 면회 장소에서 만났다. 훈련소에서 생활하는 동안 최영길 선배가 있어 든든한 힘이 되었다.

논산훈련소에서 기다려지는 것은 면회 날이었다. 어머니는 편찮으셔서 못 오시고 아버지만 한 번 다녀가셨다. 어머니 건강을 물었지만, 아버지께서는 걱정하지 말라며 건강하게 훈련 잘 받으라고 하셨다.

훈련받는 동안 아버지는 어머니 병환으로 면회를 오시지 못하여, 동네 친구 박노윤 어머니를 통해 어머니 소식을 들었다. 따뜻한 음식을 나눠주시면서 산후조리를 잘못해서 병이 난 것이니 너무 걱정하지 말라고, 위로해주셨다. 그때의 고마움이 지금도 잊히지 않아 가까이 지내고 있다.

2018년 6월 9일은 박노윤 어머니의 100세 생신이었다. 아내와 같이 참석해서 고마운 마음을 전했다. 박노윤 어머니께서 어머니 이야기를 들려줄 때는 눈에서 눈물이 흘러나왔다.

어머니의 사망

교사 재직 중에 군대 가는 사람이 교보다. 교보는 군 생활을 1년 했다. 논산훈련소에서 6주간 훈련을 마치고 전북 금화에 가서 2주간 후반기 교육을 받고 최전방 부대에 배치되었다.

논산훈련소에서 전반기 교육을 끝내고, 전북 금화에서 후반기 교육을 받고 있는데, 이종원 형이 와서 어머니가 돌아가셨다고 했다.

청천벽력 같은 소식이었다. 집에 와 보니 어머니 장례는 모두 끝나고 외할머니께서 힘들게 살림하고 계셨다. 착한 아버지는 마음을 잡지 못하셨고, 어린 동생들을 바라보니 한숨만 나왔다.

어머니 무덤에 가서 어머니를 목 놓아 부르면서 한없이 울었다. 얼마나 슬펐는지 말로 표현할 수 없었다. 떨어지지 않는 발걸음을 뒤로하고 전북 금화 훈련소에 가서 후반기 교육을 모두 마치고 전방으로 떠났다.

6사단 근무

전북 금화에서 군용 트럭을 타고 강원도 춘천 제3보충대로 갔다. 온종일 먼지를 마시면서 도착했으니 온몸이 말이 아니었다. 개울물에 몸을 닦으려 하자 인솔한 선임 하사가 먼 산에 쌓인 눈을 가리키면서 감기 조심하라고 했다.

1961년 5월 5일 어린이날이었다. 강원도의 추운 날씨를 처음 경험했으며 내가 배치된 최전방 부대는 강원도 인제군 서화면 천도리 6사단 19연대 2대대 8중대 1소대 소총수였고, 군번은 0023420, 계급은 일병이었다.

대대본부 중대에 가서 신고하는데, 본부 중대장이 공주시 장기면에 사는 백광현 중위였다. 고향 사람을 만나 마음의 안정을 찾을 수 있었고, 인적 사항을 이야기하니 근무 잘하라며 격려해 주었다.

전방부대 소총수

최전방 소대의 소총수로 배치되었다. 부대 막사에서 1주일 정도 내무반 생활을 한 다음에 완전 무장하고 전방 고지 관측소 구축 작업에 투입되었다. 산 중턱에 있는 막사에서 새벽 6시에 기상하여,

산 아래에 있는 골재 야적장에 가서, 자갈과 철근 그리고 시멘트를 등에 지어 정상에 있는 관측소로 옮기는 작업을 했다.

마대에 담아 옮겨 놓고 내려오면 아침 9시였다. 아침을 먹고 다시 지고 올라갔다가 와서 점심 먹고 또 지고 올라갔다가 와서 저녁을 먹었다. 하루 3번 관측소 다녀온 지친 몸으로 부식을 가지러 가야 했고, 차례가 되면 야간 보초도 섰다.

어느 날 방공호에서 야간 보초를 서고 있는데, 100m 전방 억새숲이 움직였다. 혹시 북한 병사가 아닌가 하고 바짝 긴장했는데, 멧돼지였다.

분대장이 병사들을 모아 놓고 혁명공약을 외우라고 해서 외웠는데, 나중에 알고 보니 5.16군사정변이었다. 관측소 작업과 보초 서는 일 등의 고달픈 전방 생활을 이겨내지 못해 탈영병이 발생하여 비상이 걸리는 일도 있었다.

비가 오는 어느 날, 변기수 대대장이 찾아와서 고생한다며 일일이 손을 잡아주었다. 손을 꼭 잡고 눈물을 흘렸는데, 지금 생각해도 잊히지 않는 고달프고 힘든 전방 근무였다.

내 생애 잊지 못할 고행의 군 생활이었다. 특히 고생하는 병사들의 모습을 보고, 눈물을 흘리며 손잡아 주던 변기수 대대장이 지금도 생생하다.

최전방의 추석

팔월 추석날이었다. 하늘 높이 떠오른 보름달을 바라보면서 어머니를 불렀다. 군대 생활을 마치고 돌아갈 때까지 가족들을 잘 보살펴 달라고 이웃집 당숙모에게 부탁하고 왔는데, 가족들 생각이 났다.

'추석을 어떻게 보내고 있을까?'

'가족들은 모두 건강할까?'

고향 생각을 하고 있는데, 동료 병사가 특별식이 나왔다며 불렀다. 마련된 특별식은 먹기 힘든 삶은 소고기 덩어리였다. 즐겁게 음식을 먹는데 갑자기 눈물이 나왔다. 어머니의 죽음과 고생하고 있을 가족 이야기를 들은 동료 병사들이 손을 붙잡고 같이 울먹였다.

추석 명절 파티가 끝나고 아침에 일어나니 입에서는 쇠똥 냄새가 났다. 어린 시절 6·25 한국전쟁으로 윗동네 뒤웅박골로 피난 갔을 때, 외할머니께서 인민군이 먹다 남겨 놓은 소고기를 챙겨줘서 정신없이 먹어서 났던 그때의 냄새와 같았다. 이러한 좋지 않은 추억이 있어서인지 지금은 소고기를 별로 좋아하지 않는다.

동료 병사들에게 소고기에 얽힌 이야기를 들려주며 6·25 한국전쟁 때 겪은 생생한 경험으로 서로에게 큰 울림을 주었다. 그때의 동료들이 지금도 문득문득 생각난다.

병영 생활

교보 출신은 일반병이 아니어서 탄약고에 근무할 수 없었다. 그런데 탄약고의 업무가 복잡하다 보니 사단 검열에서 업무상 지적을 받는 일이 발생했다. 탄약고 업무를 순조롭게 할 수 있는 병사가 필요했다.

백광현 중위의 본부 중대장 추천으로 탄약고에 근무하였다. 탄약고는 육체적으로는 편했지만, 정신적으로는 업무가 복잡해서 피곤했다. 최선을 다했다. 이를 눈여겨본 본부 중대장이 탄약고 근무 1개월 만에 대대 주보에 근무하라고 명령했다.

대대 주보는 1,000여 명의 대대 병력의 휴식처이자 집에서 보내주는 돈과 부대에서 주는 월급을 소비하는 장소였다. 일등병인 내가 주보장을 맡아보고 당구장은 서울에 사는 권태인 상병, 식당은 경상도 사는 정 상병이 맡아서 근무했다.

대대 주보는 PX 물품만 취급하게 되어 있었으나 병사가 많다 보니 진열대의 물건이 부족했다. 부대 인근 천도리에서 물품을 사서 진열대를 채웠다.

탄약고 근무할 때처럼 열심히 일했다. 성실함을 알게 된 천도리 물품 가게 주인은 내 집안 사정을 알고 많이 도와주셨다. 힘든 군대 생활을 잘할 수 있도록 도와준 물품 가게 주인 또한 평생 잊지 못하고 있다.

　대대 주부로 마지막 군대 생활을 마치고, 1년 만에 제대하였다. 집에 온 지 1개월 만인 1962년 3월 31일 자로 석송초등학교로 복직 발령이 났다. 학교로 복직하면서 우리 집의 살림살이는 나아졌다.

　군대 경험을 살려 삶의 이정표로 정해 놓고 열심히 살아가고 있다. 관측소 만들 때 고통스러운 경험은 굳건한 정신력으로 재탄생 되었고, 쇠똥 냄새나도록 먹고 고생한 추석날 명절 파티는 소식하는 생활을 하는 데 큰 도움이 되고 있다.

고향을 지킨 교직 생활

인생은 선택의 연속이다. 선택에는 사소한 것과 신중한 것, 그리고 인생을 좌우하는 것까지 다양하며 기회 또한 무척 중요하다. 지금까지 살아오면서 기회를 놓쳐 후회한 적도 있고 잘못된 길을 들어 돌아온 적도 있지만, 교직만큼은 잘 선택했다고 생각한다.

사범학교를 졸업하고 곧바로 발령이 나지 않아 집에 있었다. 석송초등학교 윤용석 교장 선생님으로부터 모교에 와서 봉사 좀 해줄 수 없느냐는 연락이 왔다. 학생은 많은데 선생이 부족하여 아동 교육에 지장이 많다는 것이었다.

가까운 친구 이창복과 같이 갔다. 나는 5학년을, 이창복은 3학년을 맡아서 가르쳤다. 3개월 동안 무보수로 근무하고, 1959년 6월

22일 자로 정식 발령을 받았다.

신동빈, 유재남, 이창복과 같은 날 석송초등학교로 발령받았다. 중학교와 사범학교 동기동창이어서 좋을 때나 어려울 때나 서로 도와가며 열심히 근무했으며 지금까지도 변치 않는 우정을 유지하면서 살아오고 있다.

고향을 떠날 수 없는 현실

사범학교 동기들은 적은 봉급으로 가정을 이루고 생활하기가 어려워 서울이나 대전 같은 대도시에서 근무하기를 원했다. 그렇지만 홀로 되신 아버지와 어린 동생 4명을 위해 홀로 고생하시는 외할머니를 생각하니 차마 고향을 떠날 수 없었다.

어느 날 고추 장사로 돈 걱정 없이 사는 동네 어른이, 젊은 사람이 어떻게 살려고 학교 선생을 하느냐고 말했다. 하지만 고향 후배들을 가르치는 보람이 있어서 좋았다.

고개가 있는 4km 넘는 거리를 걸어 다니거나 자갈 깔린 비포장도로를 자전거로 다녔다. 왕복 8km 비포장도로를 출퇴근했다.

도시락과 술

점심시간이 되면 집에서 가지고 온 도시락을 먹었다. 겨울에는 도시락이 차가워서 교실 난로에 데워서 먹거나 숙직실 방에 두었다 먹었다. 혼식 밥에 반찬이라고는 배추김치와 장아찌 정도여서 라면을 끓여 먹기도 했다. 간혹 동료 교사 도시락에 달걀 반찬이나 고기 반찬이 있으면 꺼내 놓기 무섭게 금세 동났다.

문제는 술이었다. 퇴근 후에는 당연히 주막집에 들러 술을 먹어야 하는 줄 알았다. 안주도 없이 2차, 3차 과하게 먹다 보니 건강에 좋을 리 없었다.

담배도 마찬가지였다. 지금처럼 필터 있는 고급 담배가 아니었다. 파랑새 담배나 담뱃대에 넣어 피는 봉초 담배가 전부였다. 봉초 담배도 아까워서 담배꽁초를 신문지 종이에 말아 피웠다. 필터 달린 담배는 접대용으로만 사용했다. 건강을 돌보지 않아 후회되는 젊은 시절이기도 하지만, 가난했던 당시의 음주 문화가 추억으로 남는다.

교직 생활의 추억

학부모들은 교사 월급이 박봉인 것을 알고 집안 잔칫날이면 학교 선생을 집으로 초대했다. 오랜만에 외식하는 날이고, 학부모는 미안한 마음을 담아 선생 은혜에 감사를 표하는 날이었다.

학부모는 상다리가 휘어질 정도로 진수성찬을 차려왔다. 온종일 아이들을 가르치느라 지쳐 있었고, 고개 넘어 먼 길을 걸어오느라 피곤하니 꿀맛이었다. 염치 불고하고 먹었다. 집안 사정을 잘 아는 교사와 학부모 사이였기에 가능한 일이었다.

후배이자 제자들을 위해 최선을 다했다. 우수한 성적으로 중학교에 진학시키기 위해 우리 집 좁은 방 등잔불 밑에서 밤늦도록 제자들을 가르쳤다. 아침에 일어나 세수하려면 콧속에서 검은 등잔불 그름이 나올 정도였다.

학교에 출근하여 해가 저물도록 가르쳤으며 철필로 원지를 긁어 시험지를 만드느라 손목이 아프기까지 했다. 중학교 입학 성적이 공주군내 상위에 있었다. 제자의 앞날을 위하여 열정을 다 바친 결과라 생각한다.

모교에서의 교사 생활

고향 모교에서 후배 교육을 위하여 20년 넘게 교사 생활을 했다는 것이 세월이 지난 지금도 가장 자랑스럽고 행복하다. 6학년 담임을 하면서 후배와 제자들의 진로를 고민했고, 청춘을 다 받쳐 끈끈한 연을 맺은 것이, 지금까지 이어지고 있다.

가정 형편이 어려워 학교에 나오지 않는 학생의 부모를 직접 찾아가서 설득해 초등학교를 졸업시킨 일, 돈이 없어서 졸업여행을 포기한 학생이 있을 때, 수학여행 버스를 도로변에 세워 놓고 집으로 찾아가서 수학여행을 할 수 있도록 해준 일도 기억에 남는다. 모두 잘 성장해서 동창회 모임에 참석하는 것을 보면 가슴이 뿌듯하다.

고향에서의 교직 생활이라 가능했다고 본다. 다른 지역에서 교사 생활을 했으면 여러 가지 이유로 찾는 일이 쉽지 않았을 것이다. 고향에서 교직 생활을 하고, 제자들 또한 고향을 찾다 보니 겸사겸사 자주 만나게 되는 것을 보면 고향을 지키고 싶다는 꿈이 성공한 것이 아닌가 생각한다.

43.5년 동안의 교직 생활 중에서 20년 넘는 대부분을 모교인 석송초등학교에서 보냈다. 무엇보다도 교육자의 가장 큰 보람은 가르친 제자들이 건강하고 행복하게 사는 모습을 볼 때가 아닌가 생각한다.

초대 분교장

고향에서의 보람으로 화봉초등학교의 개교를 들 수 있다. 석송초등학교로 첫 발령을 받을 때는 학생 수가 많고 교실이 부족하여 칸막이 수업을 했다. 한때는 24학급에 전교생이 1,200여 명 정도였으며 학급당 학생 수도 50~60명 정도로 콩나물 교실이었다.

학생 수도 많지만, 더 큰 문제는 고향 화봉에서 석송초등학교까지의 거리였다. 4km가 넘는 거리를 어린 초등학생들이 다니기에는 너무 멀었다. 그 당시 학교를 설립하려면 마을 사람들이 학교 용지를 마련해 놓고 정부에 인가를 신청해야 했다. 3개 마을 사람들이 모여서 정부에 학교 설립을 신청했다.

화봉분교 설립

학교 설립 추진은 순차적으로 진행되었다. 재집말과 안산 사이에 하천 부지가 있는데, 작은 연못은 흙으로 메워 운동장으로 사용하고 논과 연결된 곳에 학교 건물을 세웠다.

석송초등학교 화봉분교가 1974년에 충청남도 공주시 정안면 화봉리 1구에 설립된 것이다. 마을 사람들은 기뻐했고, 석송초등학교 화봉분교 분교장으로 부임하게 되었다. 1학년 44명과 학교 기능직 아저씨 1명이 전부였다.

막상 근무를 시작하니 어디서부터 추진해야 할지 막연했다. 가장 신경 쓴 일은 교육이었다. 본교나 이웃 학교보다 소홀함이 없어야 한다는 생각에 출퇴근 시각도 없이 학교에서 생활하며 전력을 다했다.

학교 용지 정리

교육은 최선을 다할 수 있었지만, 시설은 혼자 힘으로 불가능했다. 학교가 안정적으로 정착될 수 있도록 학부모들에게 부탁했고, 학부모들은 아이들이 마음대로 뛰어놀 수 있도록 기꺼이 동참해 주었다.

하천 부지라 자갈이 많다는 것을 알고 지게, 손수레, 삽, 괭이 등

을 가지고 와서 아침부터 저녁 늦게까지 운동장을 만들고 학교 울타리에는 측백나무를 심었다. 수업이 끝난 뒤에도 조경수 가꾸는 일은 계속되었다.

아내가 고생이 많았다. 학교 재정이 빠듯한 상태에서 허투루 낭비할 수 없었다.

아내는 학부모에게 국수를 삶아서 점심으로 대접하기도 했고, 학교에 오는 장학사나 학교 임원을 위해 다과를 준비하기도 했다. 나와 기능직원 둘뿐이다 보니 365일 당직 근무를 해야 해서 아내가 당직실로 도시락을 싸 오기도 했다.

운동장이 점점 자리를 잡아가자 지역 주민들로부터 개교에 대한 찬사를 받았다. 내 고향을 위해 무엇인가 할 수 있었다는 생각에 가슴이 뿌듯하다.

화봉초등학교 승격

해가 지날수록 학생 수와 교사 수가 늘어났고, 학교가 설립되었다는 자체만으로도 보람이 있어서 좋았다.

3년 동안 화봉분교에서 근무하고, 순환근무제도로 인하여 다른 학교로 가게 되었다. 막상 학교를 떠나려 하니 만감이 교차했다. 정든 학생들과 헤어지는 일, 심혈을 기울이고 가꾼 교정, 직접 세운 교문 등이 눈에 밟혔다.

화봉분교가 6년 차 되던 해에 화봉초등학교로 승격되었고, 조성준 교장 선생님이 부임했다.

졸업생을 배출하면서 지역 주민들의 신망을 받으며 발전했고, 지역민들의 운동과 화합의 공간이 되어 주기도 했다.

한국영상대학교 부설 유치원

화봉초등학교는 학교 이상으로 의미가 있었고 역할을 했다. 그러나 세월을 비켜 갈 수 없듯 학생 수가 점점 감소하였고, 정부 정책에 따라 폐교되는 운명을 맞이해야 했다.

학교를 지날 때마다 좋은 방법을 찾아보려고 이곳저곳 알아보던 차에 한국영상대학교에서 부설 유치원을 설립했다. 유치원 개교식 날, 화봉초등학교 설립 공로로 참석하였다.

농장에 들릴 때 유치원 아이들이 뛰어노는 모습과 마을을 산책하는 모습을 보면, 감회가 깊고 화봉초등학교 시절이 생각난다. 초창기에 같이 고생한 이병식 선생과 최명순 선생, 김구영 기능직원에게 고마움을 전하며 항상 최선을 다할 수 있도록 도와준 아내에게도 감사의 마음을 전한다.

교장단 해외여행

전국에 있는 교장 선생과 두 번의 해외여행을 다녀왔다. 첫 번째 여행은 교육대학교와 사범대학교 부설 초등학교장 17명과 다녀온 해외여행이다. 1995년 11월 28일부터 12월 7일까지 김포공항을 출발하여 홍콩, 중국, 일본을 구경하고 서울로 돌아오는 9박 10일의 여행이다.

두 번째 여행은 충청남도교육청 소속 정년퇴임 하는 교장 40여 명과 다녀온 해외여행이다. 2001년 8월 11일부터 8월 21일까지 인천공항을 출발하여 영국, 프랑스, 이탈리아, 스위스를 구경하고 서울로 오는 10박 11일의 여행이다.

홍콩

1995년 11월 27일 아내의 배웅을 받으며 출발했다. 김포공항 근처 여관에서 인천과 춘천의 교육대학교 부설 초등학교 교장과 한 방에서 묵었다. 다음날 새벽 5시에 기상해서 6시에 식사하고 김포공항까지 도보로 갔다.

김포공항에서 홍콩행 비행기를 타고 3시간 40분 만에 홍콩 카이탁 공항에 도착했다. 기내 식사 방법 미숙으로 옆의 사람을 보면서 위스키 한잔과 곁들여 점심을 먹고 창밖을 바라보았다.

비행기에서 본 풍경은 한 폭의 그림 같았다. 16,000피트 상해 항공 도중 몸에 이상이 생겨 걱정했는데, 홍콩 카이탁 공항에 도착할 무렵에는 증세가 호전되어 안심했다. 지금은 첵랍콕 섬에 있는 홍콩국제공항을 이용한다고 하니 세상이 많이 바뀌었다.

홍콩은 중국에 속한 특별행정구다. 분주하고 번화한 도시 홍콩은 1842년 8월 29일 난징 조약으로 영국의 식민지였으나 중국과 영국의 공동선언을 거쳐 1997년 7월 1일에 중국의 특별행정구로 편입되었다.

홍콩을 여행할 당시에는 영국령이었으나 현재는 중국의 특별행정구다. 홍콩은 서비스업을 비롯해 물류와 금융업이 발달했으며 높은 빌딩과 야경이 매력적이다.

오랜 역사를 지닌 트램을 이용하여 시내를 구경했다. 레스토랑에 가서 식사한 다음, 야경을 보았다. 홍콩 야경은 기다리는 보람이 있었고 추위도 녹아내릴 정도로 황홀했다.

중국

홍콩에서 중국 중남부에 있는 쓰촨성으로 이동했다. 쓰촨성은 오랜 역사와 전통을 자랑하는 문화재들이 많으며 위룽쉐산의 만년설은 마치 한 마리의 용이 누워있는 것 같아 용룡설산으로도 부른다.

광저우는 신해혁명의 주역 쑨원의 근거지이고, 쑨원기념관인 중산기념당이 있는 곳이다. 1929년에 철근콘크리트로 지어진 8각형 건물은 대만의 국부기념관과 쑨원의 유해가 있는 중산릉에 비해 규모는 작지만, 각종 사료가 잘 정리되어 있다.

상하이는 경제 수도이자 상하이증권거래소가 있다. 눈길을 끈 것은 상해임시정부청사다. 김구 선생의 초라한 모습과 윤봉길 의사의 폭탄 투척 현장인 홍커우공원을 보니 마음이 무척 아팠다.

베이징의 하이뎬구에 있는 황실 정원인 이허위안에 갔다. 전체 면적의 3/4이 인공호수인 쿤밍호다. 인공호수 만들 때 나온 흙으로 완서우산을 만들었으며 옛날의 왕궁터다. 현존하는 왕궁 건축물 중에서 가장 규모가 큰 자금성도 갔다.

우리를 안내한 준 가이드는 연변 길림성에서 왔다. 중국의 56 민족 중에서도 연변 길림성에 사는 한민족들은 우리의 언어와 문화를 지키며 살고 있으며, 부강한 대한민국이 되길 바란다고 했다.

일본

중국 베이징 서우두 국제공항을 이륙한 비행기는 일본 오사카에 있는 간사이국제공항에 도착했다.

오사카는 일본의 2번째 도시로 우리나라 교포가 제일 많이 살고 있다. 오사카성은 임진왜란을 일으킨 도요토미 히데요시가 직접 짓고 살았던 곳으로 기분이 씁쓸했다.

교토는 1075년의 역사를 지닌 옛날 수도로 원폭 피해가 없었다. 한눈에 봐도 고전미와 현대미가 조화롭게 이루어진 도시이며 천년

고도의 숨결이 생생하게 느껴졌다. 웅장한 왕궁과 고즈넉한 거리가 기억에 남고, 수질 보존이 잘 되어 있어 수돗물을 먹어도 될 정도였다.

나고야는 일본의 5번째 도시로서 자동차 부품 회사가 많다. 임진왜란 때 우리나라로 들어오는 요충지였다. 제2차 세계대전 때 장엄하고 견고한 성이 폭격으로 거의 전소되어 다시 건설했다.

도요타시는 아이치현 중북부에 있는 자동차 공업 도시다. 원래 고로모시였으나 토요타 자동차회사가 유명해지자 도요타로 개명했다. 자동차 100년의 역사가 있는 도시답게 자동차 박물관이 있다.

영국

교육대학교와 사범대학교 부설초등학교장 모임에서 해외여행을 떠났을 때는 김포공항에서 출발했는데, 충청남도교육청 소속 정년퇴임 하는 교장들의 모임에서 해외여행을 떠날 때는 인천공항에서 출발했다. 그 사이에 인천공항이 새로 개항한 것이다.

공주에서 출발해서 인천공항으로 갔다. 2001년 8월 11일 13시 비행기를 타고 11시간 30분 걸려 8월 12일 0시 30분에 런던 히드로공항에 도착했다.

영국 런던은 옛날 그대로를 유지하고 있는 조용한 정원 같은 도시다. 자동차는 좌측통행을 하고 주택 외부는 옛날식이고 내부는 현대식이다. 런던 중심부에 있는 하이드 파크로 갔다. 런던에서 가장 큰 왕립 공원으로 원래는 왕실 소유였으나 경제적이고 환경적인

이유로 시민에게 개방했다.

오랜 역사를 지닌 하이드 파크는 세계 공원의 시초이며, 70만 평의 넓은 공원에는 기념비와 가든, 연못과 강도 있다.

대영박물관은 1759년에 설립되었으며 전 세계의 역사유물과 예술품 800만 점 이상을 소장하고 있다. 모두 관람하려면 7일이 걸린다고 하니 규모가 얼마나 큰지를 알게 한다. 한국관은 전통 한옥으로 지어졌는데, 옆으로 가보면 사랑채 내부도 볼 수 있다. 규모는 아담했지만, 우리나라의 전통문화를 조금이나마 알리는 역할을 하고 있다.

프랑스

영국 관광을 마치고 해저터널을 3시간 동안 달려 프랑스에 도착했다. 프랑스 파리에는 높이 324m의 웅장한 에펠탑이 있다. 에펠탑 구경을 하고 군대 역사 미술 박물관으로 자리를 옮겼다. 군복의 변화를 볼 수 있고, 나폴레옹과 관련된 것이 많아 나폴레옹 군사박물관이라고도 부르며 앵발리드 성당 안에는 나폴레옹 무덤이 있다.

개선문은 파리의 에투알 광장에 있으며 나폴레옹이 연합군에게 대승한 공적을 기념하여 세운 것으로 폭 45m, 안쪽 길이 22m, 높이 50m다. 이 또한 나폴레옹과 연관되어 있다고 하니 놀라지 않을 수 없다.

루브르 박물관은 파리 중심부에 있으며 세계문화유산으로 지정되어 있을 정도로 규모나 가치가 어마어마했다. 회화, 고대 유물, 장식미술, 이슬람 미술, 판화, 드로잉 등 전시품이 40만 점 이상이고 박물관 전부를 관람하는데 1~4개월 걸린다.

이탈리아

프랑스 드골공항에서 2시간 걸려 이탈리아 로마 레오나르도다빈치 국제공항에 도착했다. 왠지 내 집같이 편안한 느낌이 들었다. 4계절이 우리와 비슷하고 지중해성 기후와 여름 더위 때문에 북향 집을 짓는다.

이탈리아 로마는 거대한 고대문명의 도시답게 원형경기장인 콜로세움과 바로크 양식의 트레비 분수가 유명하다. 콜로세움은 다양한 양식의 경기장과 복잡하고 작은 방들로 구성되어 있으며 규모가 거대하다. 트레비 분수는 바로크 양식으로 건물들이 완벽한 조화를 이루고 있다.

로마에는 교황청이 있는 바티칸시티가 있다. 세계에서 제일 작은 나라로 입장료 수입으로 국가가 운영되며 바티칸미술관이 있다. 고대 이집트부터 르네상스 시대의 걸작들이 있으며 미켈란젤로 천지창조가 천장 벽면에 있다. 그 외에도 레오나르도다빈치와 라파엘로 산치오 등의 미술 작품을 볼 수 있다.

스위스

이탈리아 관광을 마치고 스위스에 도착했다. 스위스는 아름다운 자연이 주는 포근함이 있었다. 교육제도에 대해 관심이 많았는데, 초등학교와 중학교는 무시험으로 들어가고 대학까지 무상교육이다.

대학 진학률은 30% 정도이며, 대부분 실업학교 교육프로그램에 참여한다. 학력에 대한 차별이 심하지 않기 때문이다.

수도는 베른이지만 유엔본부를 비롯한 국제기구가 많이 있는 곳으로 더 알려진 곳은 제네바다. 또한 성 피에르 대성당이 있어 관광객들이 많이 찾는 곳이다.

교육 및 교정시민옴부즈만 활동

석송초등학교를 시작으로 화봉초등학교, 마곡초등학교, 인풍초등학교, 도덕초등학교에서 교사로 근무하고, 순환 근무원칙에 따라 1983년 9월 1일 충청남도 홍성군 홍동초등학교 교감으로 발령받았다.

권역을 묶은 순환근무제에 따라 공주시를 떠나 홍성군 홍동초등학교 교감으로 2년간 근무했다. 가족이 같이 갈 수 없는 상황이라 홍성군에서 방을 얻어 자취생활을 했다. 마곡초등학교에 이어 두 번째 자취생활이다.

교육전문직 생활

2년간의 홍성 생활을 마치고, 공주교육지원청 장학사로 1985년 9월 1일 발령받았다. 인사 업무를 담당해서 야간 근무하는 날이 많았다.

공주교육지원청에서 장학사로 4년 6개월 근무하고, 1990년 3월 1일 자로 충남교육연수원으로 자리를 옮겨 1년 6개월 근무했는데, 초창기라 바쁘고 해야 할 일들이 많았다.

공주교육지원청과 충남교육연수원에서 교육 전문직 생활 6년을 마치고, 1991년 9월 1일 자로 덕지초등학교 교장으로 발령받았다.

벽지학교였던 덕지초등학교는 학부모들의 협조가 잘 되어 의욕적으로 학교 경영을 할 수 있었다.

공주교육대학교 부설 초등학교 교장

덕지초등학교 교장을 1년 하고 1992년 9월 1일 자로 공주교육대학교 부설초등학교로 자리를 옮겼다. 공주교육대학교 부설초등학교는 다른 17개 부설 초등학교보다 소도시에 있어 학교 경영이 어려운 편이었다.

학부모들이 옷에 신경 쓴다는 것을 알게 되어 위화감을 줄이는 방법으로 교복을 착용했고, 등하교도 버스를 이용하도록 하였다.

전교생 학부모 동반 계룡산 등반대회도 개최했다. 관광버스 15대로 신원사에서 계룡산 연천봉을 거쳐 갑사로 내려오는 대장정이었다. 등산하는 동안 자연스럽게 학부모 교육상담도 이루어졌다. 고학년을 대상으로 청양군 장곡사, 칠갑산, 홍성군 용봉산 등을 등산하며 체력단련을 했다. 그렇게 공주교육대학교 부설 초등학교에서 5년의 임기를 마쳤다.

교직 생활 마감

1997년 9월 1일 유구초등학교로 발령을 받았다. 유구초등학교는 공주시에 있는 면 소재지 학교 중에서 가장 큰 규모였다. 충청남도 교육청지정 연구발표회를 하였고, 축구부와 수영부가 있었다. 1년 6개월의 근무를 마치고 1999년 3월 1일 초빙 교장으로 귀산초등학교로 발령받았다.

　귀산초등학교는 교육자를 많이 배출한 학교이고 동창회가 잘 운영되며 학교 운영에 협조적이었다. 귀산초등학교를 마지막으로 교사 24.5년, 교감 2년, 교육 전문직 6년, 교장 11년, 모두 43.5년의 교육 여정이었다.

길고 긴 교육 여정(43.5년)

- 1959. 3. ~ 1983. 8. 31　석송초등학교, 화봉분교,
　도덕초등학교, 마곡초등학교, 인풍초등학교 교사(24.5년)
- 1983. 9. 1 ~ 1985. 8. 31　홍동초등학교감(2.0년)
- 1985. 9. 1 ~ 1991. 8 31　공주교육청 장학사(4.5년)
　　　　　　　　　　　　충남교육연수원 장학사(1.5년)
- 1991. 9. 1 ~ 2002. 8. 31　덕지초등학교장(1.0년)
　　　　　　　　공주교육대학교부설초등학교장(5.0년)
　　　　　　　　　　　유구초등학교장(1.5년)
　　　　　　　　　　　귀산초등학교장(3.5년)

공주교도소 교정시민옴부즈만 자문위원

교장으로 정년퇴직하고 정송평생농장에서 농부의 삶으로 지내고 있을 때, 공주교도소에서 교도관으로 근무하던 장인선 제자로부터 공주교도소 교정시민옴부즈만 활동 제의가 왔다.

교정시민옴부즈만은 재소자나 민원인들로부터 불만 사항을 직접 청취하고 해당 소장에게 의견을 제시해 시정을 요구하는 국민참여 방식으로 교정행정에 대한 식견과 풍부한 경험을 인정받은 것만으로도 기뻤다.

2006년 5월 1일 자로 공주교도소 교정시민옴부즈만으로 위촉되었고, 제도가 바뀌어 청렴옴부즈만 위원과 교정 자문위원을 2017년 2월 20일까지 10여 년이 넘도록 무보수 명예직으로 공주교도소와 인연을 맺었다.

제자 덕분에 내가 사는 지역과 첫 인연을 맺은 활동이다. 세상에 대한 폭이 넓어졌고 지혜도 많이 쌓인 것 같아 좋았다.

각계각층에 나가 있는 제자들이 많은 관계로, 교사 경력이 짧은 교육 전문직 친구들에게는 나의 무보수 명예직이 무척 부러웠던 모양이다.

교육자의 본분을 지킬 수 있도록 도와준 제자들, 사회에 나가 맡은 역할을 묵묵히 실천하는 제자들, 교육계를 떠나 있어도 찾아오는 제자들을 만나면 그동안의 교직 생활이 헛된 것이 아님을 느낀다. 특히 고향이자 모교인 석송초등학교 제자들에게 더욱 정이 간다.

사랑스럽고 고마운 제자들

2002년 한일월드컵이 끝나고 얼마 뒤 정년퇴직을 했다. 43.5년의 길고 긴 교육 여정이 끝났다. 한국 축구가 4강 진출이라는 기쁨을 간직하듯, 가난하고 배고팠던 긴 교직 생활이었지만 기뻐하고 환호했던 교육 활동들이 주마등처럼 스쳐 간다.

교직 생활은 천직이었고, 보람이었고, 만족스러웠고, 가치 있는 일이었다. 잊지 않고 찾아오는 제자들을 볼 때마다 형언할 수 없는 뿌듯함을 느낀다.

교수이자 수필가 강돈묵 박사

생각지도 못한 것을 기억하는 제자가 있는데, 바로 강돈묵 거제대학교 교수다.

우리 내외가 식사에 초대받았는데, 아내의 이름을 기억하고 있었다. 6학년 때의 청첩장에 있는 그 이름을 기억하고 있는 것이다. 깜짝 놀란 아내는 세상에 이런 제자도 있느냐며 감격의 눈물을 흘렸다. 그 세월이 어디 1, 2년인가? 짧지도 않은 그 긴 세월이건만 잊지 않고 기억하고 있다니, 어찌 놀라지 않을 수 있는가?

강돈묵 교수는 6학년 졸업하고, 큰형인 강예묵 충남대 교수를 따라 대전에 있는 중학교에 진학했다. 수제자 돈묵이를 멀리 보내는 것이 마음 아팠다. 정초에는 신년 인사도 하고 스승의 날과 설, 추석 명절에는 거제도 멸치도 보내준다.

문예지 '월간문학' 신인상을 받았으며 문단에 나온 수필가이자 『본질 찾기와 수필 쓰기』의 저자이다. 나에게 찾아와 『감주와 설탕물』, 『1500m』, 『낯설게 보기와 낯설게 하기』, 『발칙한 해석 문학적 형성화』를 선물했다. 시간이 날 때마다 꺼내 읽으며, 강돈묵 제자를 자랑스럽게 생각한다.

언론인 출신 수필가 김지영 변호사

석송초등학교 제자 중에, 미국 캘리포니아주 변호사이며, 수필가인 김지영이 있다. 공주중학교와 공주고등학교를 거쳐 서울대학교 사범대학 영어교육과를 졸업하고 변호사로 일하고 있다.

서울에서 꽃가마 타고 결혼하는 장면과 한국에 사는 어머니를 그리워하는 모습, 변호를 맡아 텔레비전에 나오는 장면을 보고 주변

사람들에게 자랑하던 일이 생각난다.

박찬호 선수의 어머니 정동순 제자를 만나 같은 은사였음을 알고 더욱 반가웠다는 이야기, 『그는 나의 아버지였다, 이다』 수필집 머리말에 '초등학교 때 아스라한 꿈을 주신 이은호 선생님'이라는 글은 나를 뭉클하게 했다.

최완규 총장

최완규 하면 생각나는 것이 정치외교학 박사 학위 받고 우리 집에 찾아왔을 때다. 공주교육지원청에서 인사 담당 장학사로 바쁠 때라, 한걸음에 달려온 최완규를 따뜻하게 대접하지 못한 것 같아 늘 마음이 아프다.

어느 해 석송초등학교 졸업식 날이다. 아침 방송에 최완규 총장이 나왔다. 졸업생들에게 자랑스러운 석송초등학교 13회 선배라고 소개했다. 젊었을 때의 기백을 잃지 않고 대학교수와 북한대학원대학교 총장을 지내며 텔레비전에 나와서 해박한 지식을 이야기하는 모습을 보면 너무나 자랑스럽다.

이원묵 총장

공주고등학교 총동창회장을 맡고 있고, 한밭대학교 총장을 지낸 이원묵 총장은 글을 잘 쓴다. 고등학교 교장을 지낸 장남 관묵, 공주시청 국장을 지낸 3남 태묵, 공주대학교 서기관을 지낸 4남 진묵 모두 문학가이다. 또한 공주에 연고를 두고 있어 평상시에도 잘 알고 지낸다.

이원묵 총장이 한밭대학교 총장 취임식에 나를 초대했다. 취임식 장에서 제일 먼저 초등학교 은사라면서 강당을 가득 메운 하객들에게 소개했다. 교육계에 몸담아 오면서 영광스러운 일이 아닐 수 없다. 한밭대학교총장, 건양대사이버대총장을 거쳐, 건양대학교총장으로 재직하고 있으며, 현재 공주고등학교 총동창회장으로 모교 발전을 위하여 최선을 다하고 있다.

건강 관리기구 김낙기 사장

나이 들어 가장 많이 회자 되는 화두는 건강이다.

'어떻게 하면 아프지 않고 오래 살 수 있을까?'

많은 사람은 이러한 문제로 고민한다. 이러한 고민을 해결해 주는 제자가 바로 김낙기 사장이다. 평생을 나의 건강관리에 신경 써주는 김낙기 사장은 서울에서 건강관리기구 사업을 하고 있다.

김낙기 사장은 오랫동안 건강하게 몸 관리할 수 있도록 발 마사지 기구와 등 마사지 기구를 보내주고 있다. 방에다 놓고 꾸준히 하면서 건강하게 지내고 있다. 건강을 챙겨주는 고마운 제자다.

사제 간 정을 나누는 서재경 사장

지금은 자동차가 일상이 되었지만, 벽지인 도덕초등학교에 근무할 때만 해도 버스를 타고 가야 했다. 힘들어서 안 되겠다고 생각하고 오토바이를 알아보고 있는데, 서재경 제자가 나서서 오토바이를 사는 데 도움을 주었다.

오토바이를 무서워하자 온종일 운전 방법에 대해서 알려주었다. 가끔 고장이 나거나 문제가 발생하면 달려와 주곤 했다. 지금까지도 가까이 살면서 자주 만나 사제 간의 정을 나누며 허물없이 지내는 제자다.

틈틈이 돌봐주는 서정각 사장

교직에 있었지만, 농사일을 그만둔 적은 없다. 아내와 아버지께서 늘 논농사와 밭농사를 해왔고, 정년퇴직 후에는 정송평생농장을 가꾸고 있으니 말이다. 고향에서 지금까지 오랫동안 도와준 것이 바로 서정각 제자다.

서정각 사장은 젊었을 때부터 시골 방앗간에서 방아를 찧어 우리 집에 실어다 주곤 했다. 좀 무거운 거라도 들라치면 금세 달려와서 들어다 주며 우리 집 일을 자기 일처럼 몸 아끼지 않고 돌봐준다. 고향에 있는 논농사 일도 살펴주고 내가 어려움을 겪지 않도록 늘 신경 써 준다. 행복하고 가슴이 든든하다.

제자가 있어 행복한 선생

스승의 날에 잊지 않고 찾아와 주는 최상구, 이기서, 황영일, 안종호 교장은 고마운 제자들이자 교육계 후배다.

정송평생농장에서 일하다 모란 식당에서 밥을 먹을 때 꼭 안부를 묻고 인사를 하고 나가는 이상묵과 신응철 제자도 고맙다.

고향에 있다 보니 동네일을 보면서 매사 신경 써주고, 동네의 모든 소식을 전해주는 노경선 이장과 이진우 새마을 지도자, 만나면 건강 걱정하는 윤채숙, 그리고 강동식, 서정옥, 최상인, 최선희….

농장의 어려운 일에 도움을 주는 이창원, 정근담, 원치영, 이철원, 이영우, 이기소, 이동원, 이재억….

만나면 항상 반갑게 맞아주는 장인선, 이경우, 유명석, 서정면, 윤석문, 유기택, 임성묵, 서정국, 이교현, 김재환, 오종진, 이명원, 송해용, 조성만, 오광식, 이강원, 오태연….

등등 일일이 나열할 수 없는 수많은 제자가 있어 행복하다.

교직에 보람을 느끼며 2002년 8월 31일로 교직 생활을 마무리했다. 그때 받은 귀산초등학교 학부모의 감사패와 교육감의 송공패, 그리고 대통령이 수여한 훈장증(훈장증 제0004771호 황조근정훈장)은 든든한 힘이기에 고맙게 보관하고 있다.

선생은 황금에 눈이 밝아서는 안 된다는 말을 가슴속에 새기면서 살려고 노력한다. 젊음과 패기도 한몫했지만, 제자 사랑과 가르치는 일을 본분으로 알고 열심히 살다 보니 찾아오는 제자들이 많아 무척 행복하다.

농부 아들, 부자 농부

충남 공주시 정안면 화봉리는 내가 태어나고 자랐음은 물론 석송초등학교와 병설중학교 그리고 사범학교를 졸업할 때나, 석송초등학교에 근무하고, 결혼하여 아버지를 모시고 산 곳이며, 정송평생농장이 있는 곳이다.

화봉리는 아름다운 추억과 애틋함이 공존한다. 어려서부터 아버지와 어머니를 도와 농사일하며 함께 살아왔기에 더욱 그렇다.

삼복더위에 아버지와 같이 새들에 있는 논에서 땀 흘리면서 김매기 하던 일, 어머니와 같이 안산 밭에서 개똥참외 먹으며 환하게 웃던 일이 고생스러웠지만 아름다운 추억으로 남는다.

농사와 교직생활

평생 농부로 사신 아버지다. 6학년 담임을 맡다 보니 논 6,000여 평과 밭 1,000여 평 농사일에는 관심을 둘 수 없어 농사는 아버지와 아내의 몫이었다.

지금은 농업도 기계화되어 편리하지만, 그 당시에는 사람의 손으로 일일이 해야 했다. 논 갈기, 못자리, 모심기, 김매기, 벼 베기, 타작하기 등 해야 할 일들이 너무 많다 보니 아내도 일을 많이 했다.

아내가 고생이 많았다. 아버지가 논농사를 주로 하셨고 밭일은 아내가 했는데, 아내의 발뒤꿈치가 성하지 않은 것도 고된 농사일의 흔적이다.

주말이면 가족들과 같이 모심기를 하거나 밭일을 했다. 우리 집에는 1마지기도 안 되는 외진 논이 있었다. 그 논만큼은 가족끼리 주말에 모내기, 김매기, 수확도 했다.

내가 아내를 도울 수 있는 일은 적었다. 밭에 나가서 밭작물을 거둬 주는 정도였다. 씨앗을 심고 파종을 하는 일들은 아내와 아버지가 다했다. 교직에 있는 한동안은 농사와 거리를 두고 생활했다.

일손이 부족할 때는 마을 사람들이 순서를 정해 품앗이를 하거나 농사일을 도와주고 품값을 받아 생계를 유지하거나 일밥을 먹는 것이 하나의 풍습이었다.

일밥 나눠 먹는 날

아내는 사람 모이는 것을 좋아했다. 크고 작은 농사일이 있으면

일꾼들이 먹을 양보다 2~3배 더 준비했다. 동네 사람들이 허물없이 찾아와 음식을 먹고 갔다. 온 가족이 와서 먹기도 하고 지나가는 사람들도 먹고 갔으며 심지어 음식을 싸주기도 했다. 아내는 그만큼 배려와 나눔을 실천하는 넉넉하고 넓은 마음을 가진 사람이다.

일밥뿐만이 아니라 아버지 생신날, 설과 추석, 제삿날도 동네 어르신을 불러 음식을 대접했다. 기억력 좋으신 어르신은 오늘이 누구 제삿날인지 알 정도였다.

요즘 동네 어르신들을 만나면 배고픔을 해결해 주어 고맙다면서 먹을거리나 음료수를 놓고 간다. 아내는 지금도 고향에 계신 어른들과 돈독한 정을 나누며 지내고 있다.

지게꾼 농부

농사일이란 결코 쉬운 일이 아니다. 내가 살아오면서 존경스러운

사람은 새벽부터 저녁까지 농촌에서 묵묵히 농사지으며 살아가는 농부다.

퇴직 후에 건강관리와 여가 생활을 하고자 농장을 마련했다. 막상 농장이 생기고 보니 궁금해서 자주 가게 되고 욕심이 생겨 농부가 되어가고 있다.

아내에게 일 욕심이 많다고 타박하면서도 나도 모르게 일 욕심을 많이 내고 있다. 초심으로 돌아가 여가 정도에서 끝나야 하는데, 교사 때 욕심이 남아 있어서인지 작물을 심으면 잘 키우고 싶은 욕심이 생긴다.

지게와 농기구

초등학교 때부터 아버지를 도와 산으로 나무를 하러 다녔다. 땔감을 지게에 지고 내려오던 일, 추운 겨울에 아까시나무를 집에 쌓

아 놓던 일, 높은 산에 가서 삭정이 나무를 해오던 일, 농사지은 볏단을 지게에 지어서 집으로 나르던 일이 기억난다.

지게는 농경사회에서 매우 필요한 농기구다. 또한 내가 제일 아끼고 많이 쓰기도 한다. 경운기, 트랙터, 소형트럭, 자가용까지 등장했지만, 내 처지에 없어서는 안 되는 농기구가 지게다.

경운기가 들어가지 못하는 곳은 지게를 이용할 수밖에 없다. 정년퇴직 때까지 지게와는 거리를 두고 생활해 온 관계로 적응하기가 어려웠다.

지게질은 어깨, 허리, 무릎에 이상이 없어야 하며 지게를 지는 요령과 힘이 있어야 한다. 균형이 맞지 않으면 한쪽으로 쏠려서 엉망진창이 될 수 있다.

지게를 가장 많이 사용하는 것이 밤농사다. 가을에 산에 모아 놓은 밤을 나를 때는 40kg짜리 160포대가 넘는다. 어깨에 메고 나를 수가 없어 지게로 지어 날라야 한다. 은행 포대도 마찬가지다.

토양 개량용 퇴비도 지게를 이용한다. 100여 포대를 지게로 날라야 한다. 밭에서 생산한 밭작물을 모아 타작하는 일이나 김장용 재료를 운반하는 일도 지게로 한다. 지게질이 많다 보니 지게 멜빵을 몇 번씩 교체해가면서 사용한다.

농사일에 필요한 것으로는 도리깨와 호미, 낫, 쇠스랑, 갈퀴 등이 있다. 내가 애용하는 농기구다. 도리깨는 곡식의 이삭을 두드려서 알갱이를 터는 데 쓰이는 농기구로 들깨 메주콩 서리태의 낟알을 털 때 사용한다.

정안 밤 생산지 정송평생농장

　정송평생농장의 대부분은 공주 정안 밤으로 이루어져 있다. 공주 정안 밤은 충남 공주시 정안면 농가에서 생산하는 지역 특산품이다. 천안에서 공주로 들어서는 차령산맥 주변에 있으며 밤나무의 생육에 적합한 기후와 토질을 가지고 있어 당도가 높고, 고소해서 특산물로 제격이다.

　처음부터 밤나무가 있었던 것은 아니다. 원래는 낮은 산과 밭으로 되어 있었는데 밭농사를 다 지을 수 없어 지역 특산품인 밤나무를 심게 되면서 밤나무 단지가 되었다.

　밤나무 관리에서 가장 먼저 하는 일은 가지치기다. 모든 밤나무가 가지치기하는 것은 아니고, 어느 정도 자란 나무부터 전정 가위로 가지치기한다.

새순이 나고 정송평생농장이 초록으로 물들어갈 무렵이면 밤나무 전용 비료 20kg짜리 100여 포대를 준다. 평지라면 덜 힘들겠지만, 비탈길을 오르내리면서 비료를 준다는 것은 쉬운 일이 아니다.

밤농사에는 셋째 정주가 시간을 내서 많이 도와준다. 비료를 차에 싣고 산꼭대기까지 오른 다음, 밤나무 사이사이에 비료를 운반해 놓는 힘쓰는 일을 도맡아 해준다. 이렇게 운반된 비료는 날을 정하여 가족들이 준다.

항공방제 깃발

밤나무 농사 중에서 또 하나의 힘든 일은 벌레와의 싸움이다. 벌레를 손으로 잡을 수 없어 항공방제 한다. 정송평생농장은 밤나무 단지로 인정받아 항공방제를 할 수 있다. 공동으로 하는 항공방제는 산림조합에 가서 신청한다. 그런 다음 항공방제 신청했다는 깃발을 설치한다. 이때 중요한 것은 밤나무가 커서 깃발이 보이지 않

을 수 있으므로 자리를 잘 선택해야 한다.

깃발을 꽂고 난 다음에도 깃발의 상태를 잘 살펴봐야 하고, 매년 1회 밤나무 병충해 항공방제 소독을 한다.

피해보상금 신청

농사는 하늘이 짓는다고 할 정도로 하늘과 동업하지 않으면 좋은 결과를 얻을 수 없다. 내가 아무리 성실하게 농사를 지어도 결과를 장담할 수 없다.

몇 년 전의 일이다. 정송평생농장에는 조생종과 중생종 그리고 만생종이 있는데, 태풍으로 조생종 수확을 거의 하지 못했다. 중생종도 예년의 반도 하지 못했고, 만생종만 수확했다. 농장 생활 17년 중, 최고로 고생했다.

밤농사를 망친 것으로 생각하고 있는데, 동네 이장과 농협 직원이 자연재해 피해보상 신청을 도와주어 250만 원의 보상금을 받았

다. 농사지으면서 처음 받아 보는 자연재해 보상금이다.

밤나무가 환경 변화로 고목이 되면 화목보일러를 사용하는 지인에게 가져가라고 한다. 지인은 겨울에 땔 나무를 얻어 좋고, 나는 새로운 밤나무를 심을 수 있어서 좋다.

가족 농장

밤 수확은 매년 9월 10일부터 10월 10일까지 1개월 정도 이루어진다. 밤은 나무에 있는 것보다는 땅에 떨어진 것을 줍는 경우가 많다. 그래서 밤을 발라낸다는 표현보다는 줍는다는 표현이 더 맞는다.

밤 가시에 찔리지 않도록 장갑을 끼고 밤 줍는 집게로 집어서 양동이에 담는다. 양동이가 꽉 차면 중간중간에 놓여있는 포대로 옮긴다. 처음에는 아내와 둘이서 줍다가 밤 수확의 최고 절정기인 9월 20일부터 10월 5일 사이에는 셋째 정주와 동생 은철과 은학, 은창이가 많이 도와준다.

서울과 천안에 사는 친척들도 오고, 인천 사는 여동생 은숙이는 일주일씩 와서 도와주기도 한다. 친구들과 지인들도 찾아와서 체험학습을 하고 가기도 한다. 연인원이 무려 100명이 넘는다.

밤농사의 수확량은 해마다 40kg 포대로 160포대 정도 된다. 가족과 친지에게 10여 포대는 선물하고 나머지는 판매장을 통해 판매한다. 1년 매출액이 800만 원에서 1,200만 원 정도 되니 시골에서 적은 금액은 아니다.

은행나무

밤농사가 끝나면 이어지는 것이 은행 농사다. 은행 농사는 밤농사에 비하면 수월하다. 밤나무가 비탈진 곳에 있는 반면에 은행나무는 평평한 밭과 주변에 있다.

은행나무는 해소와 천식이 있는 나에게 효자 나무다. 그래서인지 유독 은행나무에 애정이 많다. 산에 오를 때마다 둘러보고, 농장에 있을 때도 은행나무를 유심히 바라보며 나를 살려주는 나무로 생각한다.

은행나무는 암나무와 수나무로 나누어져 있으며 암나무와 수나무가 마주 보고 있어야 암나무에서 은행이 달린다. 우리 집은 수나무는 거의 없고, 대부분이 암나무다. 도시에서는 은행 열매의 악취 때문에 암나무 대신 수나무를 선호한다고 하지만 나는 내 건강을 지켜주는 암나무에 관심을 기울인다.

은행은 거름과 비료를 주는 일부터 시작한다. 크게 신경 써 관리하지 않아도 잘 자란다. 도심의 가로수로 많이 있는 이유도 기후와 토질에 적합할 뿐만 아니라 해충들이 싫어하는 물질을 내뿜고 있어 병충해에 강하고 부족한 공기를 채워주며 매연을 흡수하는 역할을 하기 때문이다.

은행잎

봄에는 초록 잎이어서 좋고 가을에는 노란 잎이어서 정겹다. 밤나무에 온 신경을 쓰고 있어서 그런지 은행나무는 저절로 자라주는 것 같아 고맙기도 하다. 내가 크게 신경을 못 써줬는데도 잘 성장한 제자 같아 대견하기도 하다.

은행나무는 크게 은행잎과 은행 열매로 구분한다. 은행잎을 먼저 수확하는데, 혈액순환 개선에 도움이 되고, 징코라이드나 프라보놀 등이 함유되어 있어 말초혈관 장애나 노인성치매 예방에도 효과가

있다. 차로 끓여 마시기도 하고 건강식품이나 화장품 재료로도 사용된다.

은행잎 수확은 10월 중순 무렵에 이루어진다. 내가 직접 수확하지 않고, 은행잎이 필요한 업체와 계약하면 날짜에 맞춰 수확해 간다. 1년에 40만 원 정도 매출이 발생한다.

은행 열매

은행 열매 수확은 밤농사가 끝난 뒤에 이루어진다. 은행 열매를 주울 때는 양이 많지 않아 나와 아내 둘이서 한다. 은행도 밤처럼 영글면 바닥으로 떨어지며 우리 부부는 은행 열매를 주워서 통에 담는다. 통에 가득 차면 포대로 옮기고, 그 포대는 다시 지게로 정송평생농장으로 옮긴다.

은행 수확이 끝나면 은행알 탈피기가 있는 집으로 가서, 은행 열매 수확을 마무리한다. 은행 열매 판매 가격으로 1년에 150만 원 정도 매출이 발생한다.

노화 방지에 좋은 음식

고등어, 꽁치, 삼치, 연어, 장어, 참치, 당근, 감자, 시금치, 근대, 깻잎, 건포도, 오렌지, 사과, 토마토, 마늘, 양파, 콩, 참깨, 땅콩, 미나리, 미역, 김, 다시마, 브로콜리, 블루베리, 시금치, 케일, 통밀, 보리, 현미, 메밀, 잣, 해바라기씨, 호박씨, 호두 등

김장하는 날

　김장은 추운 겨울에 먹기 위해서 늦가을에 한꺼번에 많이 담그는 일이다. 보관할 수 있는 김치냉장고와 같은 가전제품이 없던 시절에 조상들은 땅을 파서 장독을 묻고 김치를 저장하여 겨울나기를 했다.

　김장하는 일이 큰일이어서 마을에서는 차례대로 날을 정해 같이 모여서 했다.

　대형 냉장고와 김치냉장고가 있는 요즘에는, 많은 양을 하지도 않고, 김치 공장에서 주문하는 집도 있어 김장하는 집이 점점 줄어들고 있다.

김장의 효능

　김장은 배추에 무, 마늘, 파, 갓, 젓갈 등이 들어가서 발효되는 식품이다. 그리스의 요구르트, 스페인의 올리브유, 인도의 렌틸콩, 일본의 낫또와 함께 건강식품으로 인정받고 있으며 고혈압 예방에도 좋다.

　김장에는 식이섬유와 비타민A, 비타민B, 비타민C는 물론, 젖산균이 발효하는 과정에서 비타민 B1, B2, B12가 증가하여 치매 예방에도 도움이 된다. 나이가 들수록 김장이 좋은 이유다.

김장하기 위해서는 8월 중순부터 밭일을 시작한다. 김장 심을 밭에 20kg되는 퇴비 10포대와 비료를 뿌린 다음 쇠스랑으로 밭을 편편하게 정리한다. 정리가 끝나면 씨앗을 심을 두둑과 사람이 다닐 수 있도록 고랑을 만든다.

무더위가 한풀 꺾인 8월 하순 무렵에 무, 배추, 총각무, 갓, 파의 씨앗을 심는다. 어렵기도 하고 재미도 있는데, 항상 잡초가 문제다.

호미를 이용해서 풀을 뽑아주고 북주기를 한다. 흙으로 작물의 뿌리나 밑줄기를 두둑하게 덮어 주는 북주기는 뿌리를 보호하는 역할을 하므로 신경이 쓰인다. 지나가는 사람들이 김장밭을 깨끗이 잘 가꾸었다고 말하면 은근히 어깨가 으쓱해지고 좋다.

배추 씨앗을 파종하면 어린 배추를 솎아내 나물이나 쌈으로도 먹을 수 있어 좋으나, 모종을 심는 것보다 힘이 들어 요즘에는 종묘장에서 모종을 사서 심는다.

한 달 정도 지나면 연한 잎사귀가 진한 녹색으로 바뀌고 배춧잎이 억세게 변해 간다. 기온이 떨어지기 전에 배추를 묶어주어야 동해를 입지 않는다.

아내는 한 달 전부터 밤잠을 설쳐가면서 마늘과 고추 다듬는 일을 한다. 밭에서 김장을 가꾸는 일은 내가 주로 하지만 세부적인 일은 아내의 몫이다. 제일 먼저 총각무를 담그고 물김치와 백김치도 미리 담가 놓는다. 김장하는 날, 같이 하기 어려워 미리 해놓는다.

동네잔치

김장은 11월 말경 일요일로 정해서 한다. 하루 전날 배추를 뽑아 시골 당숙모 집에서 소금에 절여 놓으면 서울과 대전에 사는 가족들이 와서 깨끗이 배추를 씻는다.

인천에 사는 동생 은숙이가 소래포구에서 직접 젓갈을 사서 보내온다. 배추 300여 포기를 담기 위해 재료와 음식을 푸짐하게 준비한다. 가족들과 동네 사람들을 합하면 30여 명 정도가 모인다.

김장하는 날은 가족 모임이자 동네 잔칫날이다. 즐거운 마음으로 김장해서 나눠주면 너무 맛있단다. 김장 남은 것이 없느냐고 물어올 때마다 김장하기를 참 잘했다는 생각이 든다.

해마다 여섯 집의 김장을 하니, 적은 양은 아니다.

장 담그기

　장 담그는 일은 집안의 큰 행사다. 집안의 음식 맛이 장맛이라고 할 정도로 장은 매우 중요하다. 씨간장을 대대손손 전해오는 집도 있다. 문화재청은 2018년 12월 27일 장 담그기를 국가무형문화재 137호로 지정했으며 식생활문화로 주거문화와 세시풍속 그리고 생활관습을 복합적으로 포함하고 있다.

　장은 콩으로 만든 발효식품으로 심혈관 질환과 노인성 황반변성, 치매를 예방할 수 있으며, 연구결과 비타민B12가 된장, 청국장, 고

추장에 들어있는데, 농도가 높아 많이 먹는 것은 적절하지 않다.

집에서 장 담그는 일은 줄어들었지만, 장이 없으면 음식을 할 수 없다. 우리 집에서는 2년에 1번씩 장을 담근다.

장 담그는 일은 메주콩을 밭에 심고 가꾸는 일부터 시작한다. 해마다 6월 초에 메주콩을 심는다. 콩이 자라면 비바람에 쓰러지지 말라고 북주기를 2회 정도 하며 풀 뽑아주기를 3회 한다.

예전에는 멧돼지가 많았다고 하는데, 요즘은 고라니가 내려와 피해를 준다. 고라니를 막기 위한 방지망을 씌우고 관리하는 일도 무척 중요하다. 혹여나 바람에 방지망이 벗겨지면 다시 씌워주어야 한다. 그만큼 메주콩을 심고 가꾸는 일은 오래 걸리며 신경 쓸 일들이 많다.

메주콩 타작은 10월 말경에 한다. 콩을 한자리에 모아 놓고 도리깨로 두세 번은 내리쳐야 털린다. 타작이 끝나면 키를 이용해서 껍데기는 내보내고 콩만 가리는 까불러 주는 일을 한다. 콩을 키에 담

아 손으로 흔들면 가벼운 껍질은 밖으로 나가고 무거운 콩만 안쪽에 남게 된다. 어레미에 담아서 빠져나가지 않은 흙을 철망 밑으로 내보내고 혹시 남아 있을지 모르는 돌을 골라내면 메주콩 준비가 끝난다.

메주콩을 가마솥에 넣고 10시간 이상 장작불을 피워 삶는다. 삶아진 콩을 절구통에 넣고 찧는다. 다 찧은 콩을 네모 모양으로 만든 다음 당숙모네 뒷방에 짚을 깔고 며칠 동안 띄운다.

망 주머니에 넣어 양지바른 곳에 1개월 이상 걸어 놓은 다음 이불로 씌워 1개월 이상 또 띄운다.

간장

장은 말(午) 날에 담가야 좋다고 했다. 2022년 2월 22일은 음력으로 1월 22일 갑오(甲午) 날로, 우리 집도 간장을 담갔다. 장독을 깨끗

하게 씻어서 메주를 넣는다. 그 위에 소금물을 넣는데, 달걀이 동전만큼 떠오를 정도의 염도로 맞춘다. 고추와 대추, 숯, 통깨를 넣는다.

2개월 정도 숙성시킨 다음에 메줏덩이가 들어가지 않도록 체로 걸러 불에 올려놓고 달인다. 달일 때 물이 넘쳐흐를 수 있으니 신경 써서 지켜봐야 한다. 2022년에는 4월 23일에 간장을 달였다. 2월 22일에 간장 담그고 4월 23일에 간장을 달였으니까 간장 완성에 2개월이 걸린 것이다.

된장

간장을 걸러내고 꺼낸 메줏덩이를 부수어 골고루 섞어준다. 통째로 꺼내서 손으로 오랜 시간 주물러야 하며 싱거우면 걸러낸 간장을 넣어 간을 맞춘다. 완성된 된장은 소독한 항아리의 밑바닥에 소금을 약간 뿌린 다음에 꼭꼭 눌러 담는다.

맨 위에 소금을 가지런히 덮어 준 다음, 햇볕이 들어올 수 있도록

망사로 씌우거나 유리 뚜껑으로 덮는다.

한 달 정도 숙성시키면 된장이 완성된다. 6월 초에 콩을 심어 다음 해 4월 말에 장을 달이고, 또 된장이 될 때까지 기다렸으니 어려운 1년 농사다.

고추장

고추장을 만드는 방법은 집마다 조금씩 다르다. 우리 집은 엿기름을 길러 방앗간에서 분말로 만든다. 엿기름 분말을 망사 주머니에 넣어 물속에서 손으로 주물러 엿기름물을 만든다. 이때 망사 속에 남은 엿기름 찌꺼기는 버린다.

방앗간에서 빻아 온 찹쌀가루를 엿기름물에 넣어 5~6시간 삭힌다. 삭힌 엿기름물을 끓여서 식힌다. 식힌 엿기름물에 고춧가루와 메주콩 가루를 넣어 섞는다. 이때 소주 1병을 넣으면 맛있는 고추장이 만들어진다.

나눔과 사랑

내가 사는 집은 공주시내로 산성 시장 가까이에 있다. 필요한 물건들은 산성 시장을 이용하지만, 채소는 대부분 정송평생농장에서 손수 가꾼 싱싱한 것을 먹는다.

영농철이 되면 아내와 같이 많은 시간을 농장에서 보낸다. 농장이 길가에 있다 보니 지나다니는 사람들이 채소밭을 잘 가꾸어 놓았다고 이야기할 때는 기분이 좋다. 농작물이 먹기 좋게 자랐으면 한 움큼 뽑아서 나눠 주기도 한다. 그럴 때면 농사일하기를 잘했다고 생각한다.

신바람 나는 채소밭

애지중지 정성을 들여 가꾸는 것이 채소밭이다. 상추, 쑥갓, 열무, 시금치, 아욱 등이 자란다. 봄부터 가을까지 심고 가꿀 수 있고, 자라는 시간도 길지 않아 금방 키워 동네 사람들과 나눌 수 있어서 행복하다.

농장에서 사용하는 모터에 이상이 생겨, 수리하러 갔더니 오래되어 교체해야 했다. 24만 원 들였더니 물이 잘 나오고 물주는 시간도 단축되었다. 아내도 일할 맛이 난다고 했다. 기분이 좋아 배수로에 있는 돌도 치웠다. 신바람 나는 채소밭이다. 힘든 줄도 모르고 일하면서 활짝 웃었다.

감자와 옥수수

3월이 되면 감자 심을 준비를 한다. 감자를 심기 위해서 거름을 많이 주고 흙을 잘 섞어준 다음에 두둑을 높게 한다. 씨감자를 2쪽, 혹은 3쪽을 내서 땅에 심고 6월 말경에 수확한다.

옥수수는 4월쯤 파종한다. 흙을 파고 옥수수 씨앗을 2알 정도 넣고 덮어 준다. 100일 정도 키우면 먹음직스러운 옥수수가 달린다.

감자와 옥수수는 수확해서 가족들에게 택배로 보내주고, 당숙모네와 동네 사람들, 그리고 내가 사는 덕성궁전타운 이웃에게 선물한다.

들깨와 참깨

농사는 농부의 힘만으로는 불가능하다. 비도 내려야 하고 햇빛도 있어야 하고 태풍도 피해야 한다. 몇 해 전 가뭄이 계속되었을 때는 새벽 5시부터 쇠스랑으로 파가면서 들깨 모를 심었다, 너무 힘들어서 아내에게 짜증을 냈다.

아내가 올해만 하겠다고 했다. 아내가 포기한 것이 처음이라 겁이 덜컹 났다.

들깨 분말은 내가 40년 전부터 한 숟가락씩 먹는 건강식이다.

즐기면서 하려던 농장 일인데 점점 욕심이 생긴다. 농사에 대한 욕심도 이제는 줄여야 할 것 같다. 해가 거듭될수록 더 어려움을 느

끼게 되는 것을 보면 세월 앞에서는 장사가 없는 것 같다. 들깨 모를 심는 아내 옆에서 미안한 마음에 열심히 심었다.

6월 말쯤 심으면 여름에는 들깻잎을 따서 먹을 수 있어 좋다. 시도 때도 없이 먹는 들깨 분말 또한 아내의 고생으로 얻은 것을 생각하니 괜스레 아내에게 미안했다.

10월에 참깨가 끝나고 들깨를 수확한다. 땅에 떨어지기 바로 직전에 베어서 잘 털어야 한다. 기름을 짜서 가족 친지들과 나눠 먹는다.

호박

호박을 농장 주변에 심었다. 봄에 심으면 애호박부터 늙은 호박

까지 먹을 수 있다. 애호박은 반찬으로 제격이라 나눠 먹는다. 가을 서리가 내리면 늙은 호박을 거두어 이웃은 물론, 인천에 사는 여동생과 서울에 있는 자녀에게 나눠준다.

　농장에는 감자, 옥수수, 들깨, 참깨, 호박뿐만 아니라 각종 농작물이 자란다. 산에는 머위와 고사리, 버섯 등도 자란다. 머위 같은 경우에는 칼로 벨 때마다 한 포대 이상 수확한다.

　가뭄 때는 비가 안 와서 걱정이고 더우면 더워서 고생이지만 자라나는 농작물을 보면 기쁘고 즐겁다. 씨앗을 심으면 아름다운 꽃과 열매를 선물해 준다. 자연이 인간에게 주는 아름답고 신비롭고 놀라운 선물이다.

정송평생농장 역사

천안에서 차령 고개를 넘어 공주 방향으로 오다 보면 정안면 화봉리에 도착하게 된다. 천안에서 23번 국도를 타고 오며 천안 논산 간 고속도로 사이에 있다.

2002년 8월 31일 정년퇴임 후 여가를 위해 산에는 밤나무, 은행나무 등 유실수를 심고, 밭에는 농작물을 가꾸는 농장 생활을 시작하였다. 공주 시내에서 자가용으로 10분 정도의 거리에 있다.

아내가 논농사와 밭농사를 해오던 곳이다. 아내는 두려움 없이 일한다. 내가 그만하자고 해도 아내가 더 하려고 해서 가끔 다투기도 하지만 부부싸움은 칼로 물 베기라고 금방 풀어진다.

정송평생농장의 탄생 배경

정송평생농장(正松平生農場)은 나의 호인 정송에서 따서 지은 이름이다. 소나무처럼 바르고 꿋꿋하게 산다는 의지를 담고 있다. 전국의 명산을 오를 때마다 모진 고난과 풍파를 이겨내고 자란, 큰 바위틈의 소나무를 보면, 가난한 집에서 태어난 나의 삶과 닮은 점이 있다는 생각이 든다.

정송평생농장에 가면 소나무가 있다. 산을 둘러보거나 밤을 주울 때마다 소나무 앞에 가면 걸음을 멈추고 명상에 잠기곤 한다. 잘 자라줘서 고맙다. 힘들게 가정을 일궈내서 대견하다. 참 많이 애썼다.

정송평생농장 지킴이

밤나무, 은행나무, 단풍나무, 감나무, 대추나무 등등은 정송평생농장의 든든한 지킴이가 되고 있다. 해마다 800만 원에서 1,200만 원 정도의 수익을 주는 밤나무, 200여만 원의 수익을 내는 은행나무를 비롯한 여러 나무는 땀 흘린 보상을 해주는 지킴이어서 든든하다. 그 외로도 매실과 모과, 블루베리도 우리 가족이 먹을 정도로 도움을 준다.

밭작물은 40여 종이 되는데, 들깨, 메주콩, 서리태콩, 팥, 동부, 감자, 옥수수, 토란, 돼지감자, 도라지, 호박, 단호박, 돋나물, 머위, 아욱, 상추, 쑥갓, 시금치, 열무, 미나리, 취나물, 졸, 파, 대파, 두릅,

토마토, 고추, 가지, 생강, 무, 배추, 총각무, 근대 등이 있다.

아내가 밭의 빈 곳을 그냥 두지 않고, 자꾸 심어 놓으니 양이 점점 늘어난다.

아내 건강이 염려되어 잔소리하지만, 아내의 마음을 모르는 것은 아니다. 늘 미안하고 고마울 뿐이다.

정송정의 여유

농한기를 빼고는 아침부터 저녁때까지 농장에 있다가 집으로 돌아온다. 정송정(正松亭)이 없던 처음에는 비닐하우스에서 생활했다.

필요한 물건들은 비닐하우스에 두고, 나무 밑에 탁자를 놓고 잠시 쉬곤 했다. 비가 오는 날이나 화장실에 갈 일이 있을 때는 당숙모 집을 이용했다. 농장에서 농사지으며 식사도 하고, 어려우면 쉬면서 차도 마실 자리가 필요했다.

쉼터 이름은 나의 호가 정송(正松)이어서 붙인 이름이다. 규모
는 크지 않지만, 전기, 수도 시설이 되어 있고, 수세식 화장실도 있
다. 또한 간단한 음식을 장만할 수 있도록 냉장고, 전기밥솥, 조리기
구가 있고, 침대, 옷장이 있어 휴식을 취할 수 있다.

농사일이 많아 새벽부터 일할 때는 아침, 점심, 저녁 식사까지 농
장에서 한다.

금초하는 날이면 4촌, 6촌을 포함하여 30여 명이 모여 식사도
하고, 담소를 나누는 정겨운 쉼터이다. 특히 알밤 수확기에는 가족
중심의 일꾼 모두, 농장에서 식사한다.

이런 가족 행사 외에도, 고향 사람들이 모여서, 차를 마시며 정겨
운 이야기도 나누는 쉼터다.

앞으로도 가족들이 화기애애하게 모이고, 동네 사람들이 따뜻한
정을 나눌 수 있는 정송정으로 발전되었으면 한다.

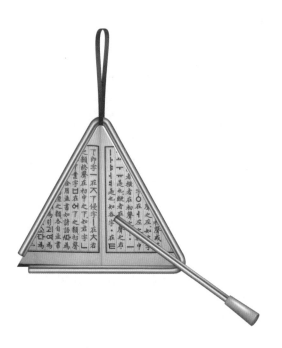

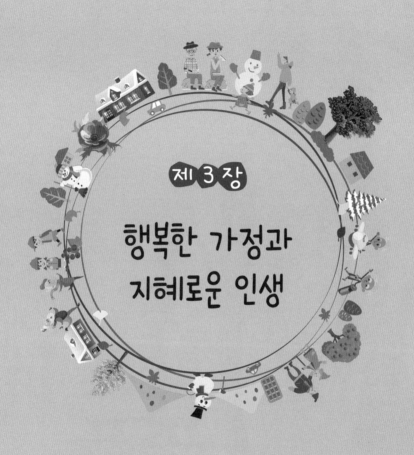

제 3 장

행복한 가정과
지혜로운 인생

태어나고 자란 편안한 동네

조상이 대대로 살고 내가 태어나서 자란 재집말은 아름다운 동네다. 뒤에는 뒷동산이 있고 앞에는 안산이 있고, 맑은 시냇물이 흐른다. 무성산 계곡에서 흘러내리는 물은 정안천과 만나 금강으로 들어간다.

재집말에서 앉아 서산을 바라보면 줄 바위가 보인다. 일렬로 나란히 서 있는 바위를 보고 있으면 신기하기도 하고 서산으로 해가 지는 모습을 보고 있으면 행복하고 아름답다.

우리 동네 사람들은 노을처럼 마음씨가 곱고 착하다. 옹기종기 모

여 재미있게 사는 모습도 좋고, 건네는 말 한마디도 정겹다. 농장에 앉아 서산으로 지는 해를 바라보고 있으면 마음이 편안해지고 따뜻하다.

일제강점기 때 태어난 아버지

아버지는 일제강점기인 1916년 4월 16일(음력)에 태어났다. 1차 세계대전이 발발하고 2년이 지난 해이다. 가난한 집안의 장남으로 태어난 아버지는 8살 때 할아버지가 돌아가시고 11살 때 할머니마저 돌아가셨다고 한다.

아버지와 4살 아래인 작은아버지는 의지할 곳 없어 반포면 마암리 고모할머니 댁에 가서 살았다고 한다. 고모할머니 또한 넉넉한 살림은 아니었다. 시부모를 모시고 살던 고모할머니는 시댁에 양해를 구하고 철부지 어린 친정 조카를 데려다 먹이고 입히고 잠재워 키웠다.

이런 어려움을 알기에 아버지의 내사촌인 병묵 아저씨와 살아계시는 동안 인연을 이어왔고, 내외 육촌지간인 홍봉, 의봉과도 소식을 전하며 살고 있다.

교육열이 높았던 외가

어머니는 1922년 12월 27일(음력) 충청남도 천안시 동남구 병천면 용두리에서 태어났다. 동면공립보통학교에 입학하고 6개년의 수업 연한을 마치고 졸업했다.

그 당시에 여자가 초등학교에 다니는 것은 드문 일로 두뇌가 명

졸업증서

조용순 대정 11년 12월 27일생
우자 보통학교수업연한 6개년
전교과 졸업하였기 증함
소화 11년 3월 31일 동면공립
보통학교장 임의준   제387호

석했다고 들었다. 지금도 어머니의 졸업장을 간직하고 있다. 대정 11년은 서기로는 1922년이고, 소화 11년은 1936년이다.

아버지와 어머니의 결혼

아버지와 어머니는 용두리 강 씨네 방앗간 집 아주머니의 중매로 결혼했다. 아버지 이덕하의 나이는 22세, 어머니 조용순의 나이는 16세였다. 어머니는 결혼할 때 외할머니와 같이 우리 집으로 오셨다.

아버지는 일찍 부모를 잃고 끼니를 걱정할 정도로 가난했기 때문에 결혼할 때도 집에 쌀이 없어 왕겨 가마를 쌓아 놓았다고 했다. 처가가 있는 용두리에 가면 방앗간 아주머니를 찾아뵙고 인사를 했다. 아내와 자녀들도 용두리에 갈 때면 방앗간에 들리곤 했는데, 지금은 돌아가셔서 아쉽다.

배고픔을 달래주던 동네 사람들

나는 1939년 8월 그믐(음력)에 태어났고, 내 밑으로 은철, 은숙, 은학, 은창이 있다. 4남 1녀는 가난했지만 행복했다. 교육열이 높은 부모 덕분에 산을 넘고 신작로를 걸어서 석송초등학교에 다녔다.

전기가 들어오지 않았던 시절이라 등잔불 아래에서 공부했으니 고난의 시간인 것은 분명한데도 고향에 가면 마음이 편하다.

지금도 잊히지 않는 기억이 하나 있다. 가난한 사람들은 저녁 식사 때가 되면 부잣집 사랑방으로 몰려갔다. 밤늦도록 시간을 보내고 있으면 안주인이 큰 밥통에 보리 섞인 밥과 동치미, 김치를 가져왔다.

어른들과 같이 부잣집 사랑방에 있다가 시원한 동치미에 찬 보리밥을 맛있게 얻어먹었던 기억이 당시의 가난을 말해준다.

부자는 가난한 사람에게 나눔을 실천했던 것 같고 가난한 사람은 배고픔을 이겨냈던 것 같다. 사람 사는 동네 풍경이었다.

무성산과 정안천

무성산의 높이는 614m로 북쪽에 갈미봉이 있고 남북으로 15km에 걸쳐 이어지고 있어 한 마리의 누에가 기어가는 것 같다. 무성산에서 홍길동이 살았다는 전설도 있으며 무성산을 넘으면 공주시 사곡면에 있는 마곡사다.

정송평생농장에 앉아 있으면 무성산으로 가는 길이 보인다. 어릴 때 무성산으로 나무하러 가던 일들이 생각난다.

또한 새들에 있는 논 옆으로 정안천이 흐른다. 여름철에는 깊어서 물장구치기가 쉽지 않지만 고기를 잡으러 자주 놀러 가던 곳이다.

정송평생농장에 앉아 있으면 어린 시절의 추억이 생각나서 좋다. 고향 사람들을 만날 수 있어 좋고, 자연과 더불어 살 수 있어서 좋다.

초등학생이 겪은 6·25 한국전쟁

정송평생농장에 있으면 개울가 너머 뒤웅박골이 보인다. 초등학교 4학년 때다.

어른들이 북쪽에서 인민군이 쳐내려오고 있다면서 야단법석이었다. 모든 집이 피난 보따리를 싸서 무성산 아래에 있는 산골 마을로 갔다.

우리 집도 피난 준비를 했다. 외할머니께서는 노인네를 어쩌겠느냐면서 혼자 남아, 집에 있겠다고 하셨다. 우리 가족은 짐을 챙겨서 뒤웅박골 이종원 일가 댁으로 갔다. 나도 책보자기에 책과 학용품을 챙겨서 피난을 떠났다.

공포의 인민군

피난 가고 며칠 지나 총을 어깨에 멘 인민군들이 동네에 나타났다. 인민군들은 하늘을 향하여 총을 쏘면서 사람들에게 겁을 주었다. 하늘에는 미군 비행기가 날아다녔다. 인민군들은 낮에는 비행기를 피해 숨어 지내고 밤에만 동네로 내려왔다.

인민군들은 긴 자루 마대를 어깨에 메고 소, 닭, 돼지 등을 닥치

는 대로 잡아갔다. 어렵게 살거나 불평이 있던 사람들에게는 '치안대'라는 감투를 주어 앞잡이를 시켰다. 앞잡이들은 부유한 사람이나 공무원, 경찰들을 마구잡이로 죽였다.

우리 고향에서도 앙심을 품고 지내던 사람이 인민군 앞잡이가 되어 동네의 이장을 고자질해서 총살당하게 하는 비참한 일이 발생했다. 피난 간 산골 마을까지 찾아와 이장 부자를 총살하는 장면과 통곡하는 가족들의 모습은 지금도 고향 사람들의 기억에 생생하다.

인민군들은 젊은 사람들을 보는 대로 붙잡아서 작업대로 끌고 갔다. 젊은 사람들은 잡혀가지 않으려고 낮에는 산이나 콩밭에 숨었고, 밤에는 등잔불도 켜지 못하고 내려와 밥만 먹고 지내야 했다.

6·25 한국전쟁은 무섭고 두려웠으며 최악의 피난길이었다. 아버지와 어머니께서는 곧 끝날 거라고 말씀하셨지만 사람들이 숨어 사는 고통스러운 모습을 지켜본 나로서는 견디기 힘든 시간이었다.

　혼자 집에 계신 외할머니 소식은 인편을 통해 들을 수 있었다. 아버지께서는 늘 몸조심하라고 했다. 어머니께서도 늘 말조심하라고 했다. 얼마 지나지 않아 인민군들이 동네에서 떠났다는 소식이 들려오자 곧바로 집으로 돌아왔다.

　외할머니께서는 인민군들이 먹고 남긴 소고기를 모아 뚝배기에 가득 담아주셨다. 소고기 먹기가 어려웠던 시절이라 맛있게 먹었다. 한참 있으니 입에서 쇠똥 냄새가 났다. 지금도 쇠똥 냄새나도록 먹던 소고기가 잊히지 않는다.

건빵과 사탕

　맥아더 장군이 1950년 9월 15일 인천 상륙작전으로 서울을 탈환했다. 유엔군이 낙동강을 넘어 북으로 진격할 때 나와 친구들도 손을 흔들며 환영했다.

북으로 진격하는 군인들은 건빵과 사탕을 던져 주었고, 우린 서로 먼저 주워 먹으려고 야단법석이었다. 건빵과 사탕이 무척 맛있었다. 열심히 주워 호주머니에 넣어 가지고 와서 동생과 나눠 먹었다.

설탕이 귀한 시절이라 사카린도 친구한테 얻어서 입에 넣고 먹던 생각이 나고, 엿장수가 동네에 오면 떨어진 고무신짝이나 부러진 수저를 엿으로 바꾸어 먹던 일도 생각난다.

전쟁과 공부

교실이 없어 짚으로 만든 가마니를 깔고 운동장에서 공부했다. 학용품도 없어 몽당연필을 사용했으며 공책 대신 마분지를 사용했다. 검정 고무신 바닥에 구멍이 나자 아버지께서 만들어 주신 짚신을 신고 학교에 다니기도 했다.

도시락은 꽁보리밥에 고추장 반찬이었다. 도시락을 가지고 오지 못하는 친구들에게 조금씩 덜어 주기도 했고, 배가 고파서 도로변의 벗나무에 올라가 벗나무 열매를 따 먹기도 했다.

산에 핀 진달래꽃이나 아까시나무 꽃잎을 따 먹기도 했다. 오디를 따 먹다가 옷에 물들기도 하고 찔레를 꺾어 먹다가 가시에 찔리기도 했다. 가끔은 삘기를 뽑아먹거나 소나무 껍질을 벗겨 먹으면서 초근목피의 삶을 살았던 시절이다.

비행기 폭탄

6·25 한국전쟁 때도 농사는 멈출 수 없었다. 아버지는 일하느라

바빴고, 논에 참새 떼가 날아오면 그것을 쫓는 일이 내 몫이었다. 갑자기 비행기가 날아와 요란스러운 굉음을 내면서 폭탄을 퍼붓기도 하였다.

어린 마음에 놀라서 울었다. 미군 비행기는 폭탄을 퍼붓고 사라졌다. 비행기가 떠난 뒤에 알고 보니 산에 있는 큰 바위를 인민군이 숨겨놓은 탱크로 착각하고 폭탄을 퍼부은 것이라고 했다. 지금도 그때 일을 생각하면 가슴이 찔찔하다.

휴전 반대 행사

초등학교를 졸업하고 공주사범 병설중학교에 진학했다. 1953년 7월 27일이 휴전협정이 체결되었으니 내가 중학교에 입학하던 해는 전쟁 중이었다.

교실은 총탄에 맞아 마룻바닥이 날아가고 천장은 구멍이 뚫려 하늘이 보였다. 외국 원조물자가 들어와 일부는 복구되었지만 너무나 열악한 교육 환경이었다.

전쟁 중에 미국과 소련에 의하여 휴전협정이 진행되었다. 우리 정부는 통일을 이루어야 한다면서 휴전 반대 운동을 했다. 나와 친구들도 무더운 삼복더위에 휴전 반대 운동에 참여했지만, 강대국에 의하여 휴전은 성립되고 국토 분단의 슬픈 역사가 오늘날까지 계속되고 있다.

다시는 6·25 한국전쟁과 같은 일은 없어야 하겠고, 우리 후손들은 전쟁으로 인한 비참한 생활을 해서는 안 되겠다고 생각했다.

한없이 그리운 부모

우리 집은 가난했다. 아버지는 농사를 지어야 했다. 일할 사람을 구할 수 없는 형편이었다. 학교에서 돌아오거나 공휴일에도 부모를 도와 일을 해야 했다.

6·25 한국전쟁 전후라 일정한 수입이 없었다. 늘 돈에 허덕이면서도 내가 사범학교를 졸업하고 교직 생활을 할 수 있도록 물심양면으로 지원해 주셨다. 우리 집보다 잘 사는 집들도 교육열이 높은 것은 아니었다.

나무를 팔았던 아버지

아버지는 추운 겨울에도 무성산에 가서 나무를 해다 공주시장에 팔았다. 땔감이 주로 나무였던 시절이다. 햇볕이 쨍쨍 내리쬐는 삼복더위에도 논밭으로 나가 일을 해야 했다. 농한기에도 쉬지 않고 짚으로 멍석과 바구니, 삼태기, 가마니를 만들어 팔았다.

아버지께서 논에서 김매기를 하거나 밭고랑 매기, 논에 샘을 파서 두레박으로 물 퍼 올리기, 소 풀 베어오기, 먼 산에 가서 나무해오기 등을 할 때면 옆에서 도와드렸다. 좀 쉬었다 하자고 하여도 다

돈이라며 쉬지도 않으셨다. 아버지는 즐기시는 약주도 주막집에서 드시지 못하고 돈을 아끼면서 살았다.

근검절약의 상징인 아버지

아버지와 콩밭을 매고 있었다. 더운 여름날 긴 콩밭 고랑을 매는 일은 너무 힘들었다. 잠시 쉬는 시간에 소변이 마려워서 밭 옆의 도랑으로 가서 소변을 보았다. 아버지께서는 우리 밭에다 보지 않고 다른 곳에 본다며 소변 한 방울도 거름이라고 말씀하셨다.

논밭에서 일하다 음식을 흘리기라도 하면 버리지 말고 집에 가져다 가축에게 주라고 하셨다. 식사할 때도 밥알을 떨어뜨리거나 그릇을 깨끗이 비우지 않으면 혼내셨다. 세계에서 가장 빈곤한 국가였으니 당연한 거였다. 그때 아버지로부터 보고 배운 근검절약 정신을 지금도 내 삶의 교훈으로 삼고 살아가고 있다.

홑적삼으로 산 어머니

어머니는 동지섣달에도 홑적삼으로 사셨다. 쌀 1말로 석 달을 살아야 했다는 이야기는 전설처럼 남아 있다. 건너 밭에 목화를 심어서 목화솜을 생산했다. 목화가 다 영글면 목화씨를 빼고 공주시장 솜틀집에서 솜으로 타가지고 오셨다.

수수깡이 대로 실타래를 만들어 물레에 솜을 넣어서 무명실을 만들었다. 마당에 왕겨 불 피워 놓고, 무명베를 나르시고 좁은 방에 있는 베틀로 무명천를 짰다.

어머니는 뽕나무를 심어 누에도 쳤다. 누에고치에서 명주실을 뽑아 명주천을 짰다. 공주시장에 팔고 남은 천으로 나와 동생들 옷을 만들어 주셨다. 돈이 될 수 있는 일은 밤낮 가리지 않고 하셨다.

먹을 것이 없던 시절이라 누에에서 얻은 번데기는 중요한 간식이었다. 지금도 거리에서 번데기를 보게 되면 어머니께서 해주시던 번데기가 생각난다. 어쩌면 그렇게도 맛이 있었던지, 어머니가 보고 싶으면 번데기를 사서 먹곤 한다.

학비 마련에 헌신하신 어머니

어머니의 꿈은 간호사였다. 주변에서 초등학교를 졸업했으니 간호사가 되면 좋겠다고 권유도 받았지만, 오직 5남매가 잘 되기만을 바라셨던 것 같다.

어머니 일가 쪽인 하정안 조일형과 조수형, 아버지 대고모댁인 뒤웅박골 이종원 형님, 재집말 임난용과 이용현, 이기만 집을 돌아다니면서 창피함도 부끄럼도 무릅쓰고 돈을 꾸어 학비를 마련했다.

머리에 쌀자루를 이고 와서 하숙비를 건네던 일과 자취할 때 간장과 고추장을 맛있게 만들어 주시던 일을 떠올리면 눈물이 난다.

작별 인사도 없이 떠난 아버지와 어머니

군에 입대하여 훈련소에 있을 때 어머니께서 돌아가셨다. 38세에 고생만 하다가 돌아가셨으니 효도 한번 못한 나는 불효자다. 어머니 임종은 물론 장례도 볼 수 없었던 것에 가슴이 아프다.

아버지도 마찬가지였다. 너무나 허무하게 돌아가셨다. 평소에 기관지 천식으로 고생하면서 약주를 즐기셨다. 건강 때문에 항상 신경이 쓰여서 약주 많이 드신 날은 주무시는 잠자리도 보살펴 드리곤 했다.

장학지도가 있는 날이었다. 아침에 출근할 때 아버지 방문을 열고 인사를 하려고 하니 전날 약주를 많이 드시고선 주무시고 계셨다. 잠자리를 다시 봐 드리고 학교에 출근했는데, 위독하다는 연락이 왔다.

면 소재지에 사는 의원을 모시고 가보니 당숙과 동네 사람들이 모여 있었다. 의원이 수족을 만져 보고는 돌아가셨다고 말했다. 67세였다. 아버지의 임종을 보지 못했다. 청천벽력의 일이다.

아버지와 어머니를 생각하면 눈물만 흘러나온다. 덕인의 삶을 사신 아버지와 교육열이 높았던 어머니를 생각하면 가슴이 아프다. 살아 계시면 호강시켜드릴 수 있는데, 한이 많이 맺힌다.

현충원에 계신 외할아버지

외할아버지는 충남 천안시 동남구 병천면 용두리에서 태어났다. 동쪽으로는 약사산이 있고, 서쪽으로는 매봉산이 있다. 두 산줄기 사이로 녹동천이 흐르고 있으며 산자락 사이에 논밭과 마을이 형성되어 있다.

용두리에는 독립운동가 조인원, 유중권, 조병옥, 유관순 열사가 태어난 곳이기도 하다. 외할아버지도 용두리에서 태어나 병천면 아우내장터 일대에서 독립운동을 하셨다. 외할아버지의 독립운동은 자연스럽게 이루어진 것 같다.

영명고등학교와 아우내장터의 흔적

초등학교 시절 조병옥 박사가 공주의 국회의원 보궐선거에 출마하고, 유세 도중에 우리 집에 들르셨다.

방문이 높지 않아 들어오다가 머리를 부딪쳐 난감해하시던 모습이 생각난다. 체구가 당당하셨는데, 큰절을 올리니 손과 머리를 만져 주면서 공부 열심히 하라고 말씀하셨다.

유관순 열사는 외할아버지와 아우내장터에서 독립 만세 운동을

하셨고, 공주의 영명고등학교를 조병옥 박사와 같이 다녔다. 영명
고등학교 교정에는 유관순 열사와 조병옥 박사 기념비가 나란히 세
워져 있다. 나는 한참을 서 있다가 돌아오곤 한다.

병천에는 아우내3·1운동독립사적지와 유관순 열사 기념비가 있
으며 아내의 친척이 운영하는 가게도 아우내장터에 있어 갈 때마다
들리면 반갑게 맞이해준다.

독립 만세 운동

외할아버지 나이 22세 되던 1919년 충남지역에서는 3·1운동 이
후 4월 30일까지 독립 만세 운동이 전개되었다.

1919년 4월 1일 아우내장터에서도 조인원, 김구응, 유중무, 김
교선, 유관순, 유중권, 이백하, 홍일선, 조병호, 김용이, 이순구, 조
만형, 김상훈, 백정운, 박제석, 김상철, 한동규, 박봉래 등이 주도하

여 독립 만세 운동이 열렸다. 동면계에 소속되어 있던 외할아버지는 아우내장터의 장날을 이용하여 거사하기로 하고 유관순 열사의 아버지 유중권과 함께 횃불을 들고 아우내장터로 몰려갔다.

조병옥 박사의 아버지 조인원이 군중 앞에서 독립 선언서를 낭독하고 대한 독립 만세를 선창하자, 외할아버지를 비롯한 군중들이 소리 높여 만세를 불렀다. 일본 경찰이 총을 난사하고 아우내장터는 삽시간에 아수라장이 되었다.

외할아버지는 아우내장터 만세 운동으로 징역형을 선고받고 9개월 8일의 옥고를 치르고 나오셨다.

낚시를 즐기셨던 외할아버지

외할아버지는 인자하고 따뜻한 분이셨다. 어머니가 돌아가신 뒤로도 용두리 장인어른과 함께 자주 집에 놀러 오셨다.

외할아버지와 장인어른이 놀러 오시면 아버지께서는 극진히 대접해 드렸다. 아내도 편안하게 쉬었다 갈 수 있도록 온갖 정성을 다했다.

낚시를 좋아하시는 외할아버지는 우리 집에 오실 때면 꼭 낚싯대를 챙겨 가지고 오셨다. 저수지에서 낚시도 하시고, 냇가에서 고기도 잡으셨다. 나도 가끔 외할아버지를 따라 고기를 잡으러 갔다. 교사로서의 생활과 통일에 관한 이야기를 많이 했다.

아내는 외할아버지께서 잡아 온 고기로 매운탕을 끓였고, 우린 맛있게 먹었다. 외할아버지는 독립운동을 했다는 사실이 믿어지지 않을 정도로 따뜻하고 평범한 이웃 할아버지 같았다. 사심 없이 살다 간 외할아버지라는 생각이 든다.

국립대전현충원 안장

중년이 되어 서울의 외삼촌댁에 간 적이 있다. 청렴결백하신 분이라는 생각이 들 정도로 집이 너무 초라했다. 외삼촌이나 이모들도 넉넉한 삶은 아니었다. 고생하면서 힘들게 사셨다.

현재는 외사촌 형제들이 장성하고 자리를 잡아 사는 데는 지장이 없다. 자주는 아니지만, 집안의 경조사 때 만나면 옛날이야기를 하곤 한다. 정말 힘든 시대를 잘 이겨내셨다고 생각한다.

외할아버지는 일제강점기 때 독립운동 유공자로 인정되고 공훈을 기려 1990년에 대한민국 건국훈장 애족장을 추서 받았다. 1983년에 돌아가신 외할아버지는 현재 국립대전현충원에 안장되셨다. 얼마 전 아내를 비롯한 가족들과 같이 국립대전현충원을 다녀왔다. 파란 하늘을 올려다보며 외할아버지를 불러 보았다.

영원한 삶의 동반자 아내

군 생활을 마치고 집에 왔다. 내가 제대를 하니 외할머니께서 무척 좋아하셨다.

학교에 복직도 하게 되어 돈 걱정은 하지 않아도 된다면서 오랜만에 평온한 시간을 보냈다.

행복도 잠시, 얼마 안 있어 건강하시던 외할머니께서 갑자기 돌아가셨다. 하늘이 무너지는 것 같았다. 내가 돈을 버니 먹고 싶은 것 다 사드릴 수 있는데, 왜 일찍 떠나셨냐면서 펑펑 울었다. 먼저 떠난 딸이 생각났던 모양이라며 동네 어른들이 위로했다.

병천면 용두리에는 친척도 살고 외가도 있다. 외할머니가 돌아가시자 병천면 용두리에 사는 조성근 외당숙과 조성천 외삼촌이 외할머니 산소를 종산의 시어른 아래에 모시자고 했다.

나와 아버지는 외할머니를 모시고 용두리로 갔다. 외할머니 장례를 모시고 이은상 형 댁에서 며칠 동안 머물기로 했다. 이은상 형은 우리 집안의 종손이었고, 외할머니 산소를 잘 마무리할 수 있도록 음으로 양으로 도와주셨다.

하루는 은상이 형 어머니께서 우리 집 걱정을 하며 동생들을 누가 키우느냐고 했다. 어린 동생들을 떠올리니 정신이 번뜩 들었다. 외할머니의 빈자리가 너무나 커 보였다. 내가 걱정하자 마땅한 사람이 있으니 한번 만나보라고 했다.

맞선

마음이 안정되지 않은 상태지만 우리 집안을 살려야 한다는 결단을 내리고 아내와 맞선을 보았다. 은상이 형은 처가와 이웃에 살고 있었다. 밤이 되니 은상이 형이 뒷방으로 나를 불렀다.

촛불이 켜져 있는 좁은 방이었다. 방문이 열리자 신체가 큰 예쁜 아내가 한복을 입고 들어왔다. 한복을 차려입은 아내의 모습이 정말 예뻤다. 결혼을 결심하고 1달 만에 결혼식을 올렸다.

신랑인 이은호는 1939(단기 4272)년 기묘(己卯)년 음력 8월 그믐(30)에 출생했고, 아내 유원자는 1940(단기 4273)년 경진(庚辰)년 음력 4월 25일에 출생했다. 그리고 1963(단기 4296)년

계묘(癸卯)년 2월 17일(음력 1월 24일) 결혼했다.

토끼띠와 용띠의 만남이다. 나는 토끼띠에 태어나서 토끼띠에 결혼한 것이다. 내 나이 24살이고 아내 나이 23살이었다. 결혼식에는 임형수 교장 선생님의 친필 결혼 축전문과 유제남 친구의 축사, 그리고 지금까지 가장 소중히 간직하고 있는 결혼사진이 있다.

시동생과 시누이

결혼사진을 보면 그때 생각이 난다. 만약 내가 다른 선택을 했으면 지금 어떻게 살고 있을지 궁금하기도 했지만, 지금과 같은 가정을 꾸릴 수 없었을 거라는 생각이 든다.

아내는 기대 이상으로 우리 가족을 위해 헌신하였다.

아버지를 정성껏 모셨을 뿐만 아니라 시동생과 시누이 학교까지 챙기면서 가정을 일으켜야 한다는 생각으로 밤낮없이 일했다.

동생 은철이는 대학을 다니고 있었지만 셋째 은숙이가 11살, 넷째 은학이가 8살, 다섯째 은창이가 5살이었다. 은창이는 학교에 다니지 않아 아내가 친정에 갈 때는 데리고 다니기도 했다.

외할머니를 생각하면 슬프지만, 아내를 만나게 해준 것에 대해서는 고마운 마음이다. 이은상 형과 가족들의 고마움도 잊지 않고 있다.

담배 농사와 양계장

내 월급 가지고는 생활이 어려웠다. 아내는 아버지와 농사일뿐만 아니라 다른 농작물도 심고 가꾸어야 했다. 돈이 될 수 있는 것은 무엇이든 다 했다.

좁은 앞마당에 닭을 키웠다. 병아리 때 사서 닭장에 넣어 키웠다. 비가 오면 고약한 냄새를 감당하기 힘들어서 투덜거렸다. 아내는 묵묵히 닭을 키웠고, 달걀 상자를 머리에 이고 공주시장에 내다 팔았다.

담배 모종을 심기도 했다. 성장하면 담뱃잎을 딴 다음에 새끼줄에 꿰어서 건조실에 말렸다. 건조실에서 나오면 색깔에 따라 정리해서 등급을 받아 판매했다. 문 앞 논을 경지 정리할 때는 돈 아끼려고 혼자서 땀 흘리며 돌덩이를 골라냈다.

새벽부터 밤늦게까지 일하고 들어온 아내의 발뒤꿈치는 성할 날이 없었다. 논둑이나 밭둑에 빈 곳이 있으면 콩이나 옥수수 등을 심었고, 밥을 광주리에 이고 들판을 뛰어다니면서 농사일을 진두지휘했다. 없는 살림에 보탬이 되고자 온갖 고생을 하며 살았다.

동생과 자녀 뒷바라지

아내는 자신보다는 가족을 우선 생각했다. 기관지 천식을 앓고 있는 아버지의 건강을 챙겼고, 어려운 살림에도 동생들 공부시키고 결혼시켜 살림을 내주느라 밤잠 못 자고 살아온 일을 생각하면 눈물이 난다.

고향과 주변 사람들은 형제간에 화목해서 보기 좋다고 말한다. 참말로 동생들은 내 아내에게 무척 잘한다. 먹는 음식은 물론 건강제품까지 챙겨준다. 착한 동생들이 있다는 것이 너무나 행복하다.

동생들 결혼시키고 나니 자녀들이 성장해 있었다. 어떻게 살아왔는지 모를 정도로 시간이 흘렀고, 우리 내외는 공무원연금을 받아서 살아가는 나이가 되었다. 공무원연금을 받으니 편안하게 살 수 있다고 하지만 아껴 쓰던 버릇은 남아 있다.

돼지저금통을 만들어 저축하기 시작했다. 처음에는 잔돈을 모으는 재미로 시작했는데, 잔돈이 꽉 차고 보니 좋은 의미로 쓰고 싶었다. 마침 큰 손주 이용택이 중학교에 입학하게 되어 돼지저금통을 입학선물로 주었다.

손주들이 중학교에 입학하면 50만 원과 돼지저금통을 선물하고, 고등학교 입학하면 축하금 100만 원을 주고, 대학에 입학하면 등록금으로 1,000만 원을 주는 재미로 살아가고 있다.

어머니 없는 동생 4, 자녀 4, 손주 4명을 포함하여, 12명의 뒷바라지에 평생 고생한 삶을 살아온 아내가 고마울 뿐이다.

마지막 동반자 아내

아내는 23살에 결혼해서 60년을 같이 살고 있다. 동생들 뒷바라지하고 자녀들 낳고 키우느라 고생했는데도 손주도 데려다 봐주기도 했다. 큰며느리가 과천청사 건설교통부에 근무했을 때인데, 퇴사하기에는 너무 아깝다는 것이다.

늙어서도 고생하는 아내에게 미안했다. 아내는 손자 보는 것이 기쁨이라고 말했다. 늙고 보니 남부럽지 않은 가정을 일으켜준 아내에게 고맙다는 말, 사랑한다는 말을 하고 또 하게 된다. 고마운 마음뿐이다.

내가 제일 걱정하는 것은 건강이다. 젊었을 때 가족을 위해 사느라고 건강을 돌보지 않아 여기저기 아픈 곳이 많다. 아내가 없는 세상은 상상할 수도 없기에 나는 잠잘 때도 아내를 살핀다.

젊었을 때는 아내의 생일도 챙길 줄 모르고, 결혼기념일도 그냥 지나가고 외식도 번번이 못 해주고 살았는데, 고맙다고 사랑한다고 말할 수 있는 시간이 점점 줄어드는 것 같아 눈물이 앞을 가린다.

"당신의 남편 이은호가 세상에 하나뿐인 가장 사랑하는 아내 유원자를 생각하며 부부 아리랑 노래를 지어 봅니다." 고마움 깊이 간직하려 노래를 불러 본다.

부부 아리랑   작사 : 이은호

처음 만나 정이든 당신 정이든 당신이 더 정이 드네
날이 갈수록 고마운 당신 고마운 당신이 더 고마워지네
아리랑 아리랑 아라리요 우리 부부 건강하게 살아요

가까이 볼수록 예쁜 당신 예쁜 당신이 더 예뻐 보이네
보면 볼수록 사랑스러운 당신 사랑스러운 당신이 더 사랑스럽네
아리랑 아리랑 아라리요 우리 부부 금실 좋게 살아요

오래 볼수록 신바람 당신 신바람 당신과 신바람으로 살아요
자세히 볼수록 흥바람 당신 흥바람 당신과 흥바람으로 살아요
아리랑 아리랑 아라리요 우리 부부 웃으면서 살아요

집성촌 용두리

천안시 병천면 용두리는 나의 외가와 처가가 있는 동네다. 어머니가 용두리에서 우리 집으로 시집을 왔다면 나는 용두리로 장가를 간 것이다. 용두리에 가면 한두 집 걸러 친척이라고 할 정도로 가까운 친척이 모여 사는 집성촌이다.

나와 아내를 만나게 해준 은상이 형을 비롯한 전주 이씨 종친들도 두루 살고 있다. 어머니의 고향이자 내 외가인 한양 조씨, 아내

의 고향이자 내 처가인 고흥 유씨, 이와 연결고리를 가지고 있는 친인척들도 살고 있다.

아내는 유관순 열사의 집안이다. 용두리 윗마을 지령리에는 유관순 열사의 생가와 기념관이 있다. 유관순 열사가 공주영명여학교를 다녔다고 하니 왠지 인연인가 싶기도 했다.

고흥 유씨 집성촌

충남 천안시 동남구 병천면 아우내장터에 도착하면 처가 친척이 운영하는 상가가 있고 개울을 건너가면 둘째 처남과 셋째 처남이 일가를 이루고 있다.

언덕을 넘어가면 처가가 나온다. 처가에서 지령리 쪽으로 가다 보면 처가 쪽 오촌 당숙이 살고 있고, 개울을 건너가면 유관순 생가와 더불어 처가의 큰집이 있다.

길을 가다 보면 고흥 유씨 집성촌이라 친척들을 많이 만난다. 아내는 7남매의 외동딸로 태어나서 가족의 화목과 동기간의 우애를 중시하며 살아왔다. 이러한 생활습관을 고스란히 가지고 와서 실천한 것이 화목한 우리 가정의 뿌리가 되지 않았나 생각한다.

3·1절 아우내장터

아내의 얼굴이 밝아지는 3·1절이다. 3·1절이 되면 아내는 텔레비전 앞에 앉아 자녀들에게 아우내장터 이야기를 들려준다.

거창하게 3·1운동 이야기를 하는 것은 아니고, 친척들이 나와 인터뷰하는 것을 같이 본다.

아내가 텔레비전을 보면서 "아저씨 나왔네."라고 말하면, 딸 소영이가 "가게 아저씨다." 하고, 아들 경주가 "안녕하세요?" 인사한다. 아내는 친정집에 간 것처럼 환하게 웃는다.

'딸은 부잣집으로 보내고 며느리는 가난한 집에서 데려오라.'는 말이 있는데 가난한 것이 모두 나쁜 것은 아니다.

아내 덕에 역사 교육은 잘 되었다. 방학 때 아이들을 데리고 처가에 가는데, 유관순 동상을 비롯한 주변을 둘러보고 온다. 나 또한 처가에 갈 때마다 주변을 둘러보며 많은 것을 느끼곤 한다.

우애 좋은 처가

처가 쪽은 우애가 좋다. 어떻게 저리 많은 가족이 다 연락하고 만날까 할 정도로 자주 만나 재미있게 지낸다. 다들 모이면 마당까지 꽉 찬다고 할 정도로 다복하게 살아가고 있다.

지금은 장인과 장모, 큰 처남과 처남댁이 돌아가셔서 예전 같지 않지만, 용두리를 지키고 있는 유형상 조카를 통해서 만남의 인연은 계속 이어지고 있다.

우애 좋게 살아주는 처가 친척들에게 고맙고, 때만 되면 아내를 걱정해 주는 처조카들에게도 고맙다. 하나뿐인 고모이기도 하지만 정들이 넘치는 가족이다. 내가 하는 것보다 수백 배는 우리 집에 잘한다. 용두리의 처가에 대해서 애착심을 갖고 앞으로는 좀 더 잘해야겠다.

형제와 자녀 그리고 친척들

내가 살고 있는 산성동은 고향인 정안면 화봉리와는 자동차로 10여 분 거리이다. 언제든지 마음만 먹으면 갈 수 있는 곳이고, 내 삶의 흔적이 있으며 주변에 형제들과 친척이 살고 있다.

가난했지만 어머니의 교육열 덕분에 사범학교를 졸업하고 교직에 몸담을 수 있었고, 최선을 다하는 아내를 만나 우애 있는 가정을 꾸릴 수 있었다. 형제와 자녀 그리고 친척들을 생각하면 행복하다.

우애 있게 살아주는 형제들

조상들로부터 물려받은 것은 성실이라는 생각이 든다. 가난했지

만 성실히 일하고 배우고 익혀 각자의 위치에서 부끄럽지 않게 살아가고 있다. 둘째 은철은 공주 시내에 살고 있으며 청양교육지원청 교육장, 충남교육청 교육위원, 충청남도의회 교육위원장을 하였고, 교장으로 정년퇴직했다.

셋째 은숙은 인천에서 살고 있고, 대전 교육계에서 능력을 인정받고 있는 넷째 은학은 대전중원초등학교와 대전송촌초등학교 교장을 거쳐, 마지막을 대전교육정보원장으로 정년퇴직하고 대전에 살고 있으며, 막내 은창은 공주시청에서 공무원으로 근무하다가 정안면장으로 정년퇴임했다.

셋째 은숙만 빼고는 공주 근처에 살고 있다. 우리 4형제는 내가 운영하는 정송평생농장 일에 관심 갖고 자주 만나 살아가는 이야기를 나누면서 남부럽지 않은 다복한 생활을 하고 있다.

집안의 희망이 되고 있는 자녀와 손주

나와 아내는 4명의 자녀를 두었다. 자녀들은 건강하고 근검절약하며 맡은 바 일에 충실히 하고 있다. 첫째 소영이는 직업상담사를 하고, 둘째 경주는 두뇌계발 관련, 교육전문가로 활동하고 있으며, 셋째 정주는 공주에 살면서 우리 내외가 힘들 때마다 어려운 일을 도맡아 하고 있다. 막내 범주는 서울에서 직장을 다니고 있다.

내 나이 팔십이 넘고 보니 자녀들은 어른이 되었고 가정을 일궜다. 나도 모르는 사이 어느새 손자와 손녀를 둔 할아버지가 되어 있었다. 할아버지가 되고 보니 살아온 날보다는 살아갈 날이 점점 줄어들고 있음을 실감한다.

시간이 날 때면 자녀와 손주들에게 가치 있는 인생을 살라고 말한다. 교직 생활하면서 삶의 가치를 느꼈듯이 아이들이 하는 일이 의미와 가치가 있었으면 좋겠다. 건강하고 화목한 삶도 중요하다고 말한다.

자리를 빛내주는 친척들

아내의 장바구니를 보고 지인들이 놀란다. 뭘 그렇게 많이 샀냐고 묻는다. 아내의 건강이 걱정되어 음식 장만은 조금만 하라고 한다. 그렇지만 조금 준비해서는 대가족이 먹을 수 없단다. 이것이 바로 아내의 넉넉함이 아니겠는가?

명절이나 제사뿐만 아니라 생일 때도 가족이 모인다. 자녀와 형제는 물론 오촌 당숙 가족도 모이고, 가끔은 사촌 형제와 처가 식구들도 참석한다. 아내는 밤잠을 못 자더라도 풍족하게 대접하고 싶

어 한다. 그런 것을 알면서도 잔소리를 하게 되는 것도 아내를 사랑하기 때문이다.

가족 보고

우리 부부는 고향을 떠나온 뒤로도 음식을 준비해서 고향 어른들과 나눠 먹는다. 하루는 마을 정자로 음식을 준비해 가지고 가니 임종원 친구가 결혼을 잘해서 동생들도 다 잘 되고 효도하고 우애 있게 사는 것이라고 말했다. 몸을 아끼지 않고 헌신해 온 아내의 손을 꼭 잡아주었다.

내 주장이 가끔은 서운할 수도 있었겠지만 잘 따라준 동생과 자녀들에게 고맙고, 우리 가정을 지킬 수 있도록 음으로 양으로 힘써 준 아내에게도 사랑한다는 말을 전한다.

팔십 평생을 살다 보니 아버지와 어머니 생각이 많이 난다. 그립고 많이 보고 싶은 아버지와 어머니께 늦게나마 가족을 소개한다.

이은호, 유원자, 이은철, 박정애, 이은숙, 윤용욱, 이은학, 신정숙, 이은창, 이현옥, 이소영, 이경주, 최서윤, 이정주, 이범주, 박유순, 이지영, 황인규, 이현지, 김태현, 이경민, 정유선, 윤혜재, 윤덕현, 윤성재, 천명희, 이용주, 이현주, 이선주, 박준홍, 이영주, 이혁주, 이용택, 이 슬, 이효재, 이용혁, 황영진, 황영은, 황준하, 김정은, 정시온, 윤한서, 윤소은, 박지훤, 박지한

아버지, 어머니의 후손이 45명으로 모두 건강하고, 화목하게 살아가는 우리 가족이다.

아름다운 동행

아내와 육십 평생을 살면서 한 번도 서운하지 않았다면 거짓말이다. 싸움도 하고 서운한 점도 있었지만 뒤돌아보면 내 잘못이 크다고 생각한다. 아내는 지금도 늘 내 입장에서 도와주고 협조해 준다.

등산가는 날이면 빠지지 않고 새벽에 일어나서 도시락을 싸주고, 복지관 가는 날에는 너무 무리하지 말고 조심해서 다녀오라고 배웅해 준다.

그런 아내가 잠자리에 누워있었다. 수영장에 다녀와서 등산 가야 한다고 하니 몸이 아프다며 감자탕하고 아침 식사를 하라고 했다. 내가 혼자 식사하고 있는데, 아내가 목욕탕에서 토악질하며 등을 두들겨 달라고 했다.

내가 놀라 병원에 가자고 하니 아내는 좀 쉬면 괜찮다고 말했다. 등산 갈 준비를 하고 안방으로 가보니 아내가 보이지 않았다.

아내가 다니는 병원으로 정신없이 갔다. 병원에서는 오지 않았다고 하여 아내가 몸이 피로할 때 링거를 맞는 통증의학과에 가보았지만 보이지 않아 공주 시내를 돌아다니는데, 전화가 왔다.

병원에 예약하고 시장에 간 사이 내가 다녀갔다는 것이었다. 아내는 내가 병원에 들른 것에 대하여 고맙게 생각했다.

아내는 큰 병이 아닌 급체였다. 나와 아내는 점심 식사하고 통증 의학과에 가서 링거 1병을 맞고 푹 쉬었다. 건강해졌는지 나보고 농장에 가야 한다고 말했지만 오늘만은 쉬자고 했다.

오해와 이해

저녁을 먹는데, 뜬금없이 아내가 인정머리 없다는 것이다. 어안이 벙벙하고 기가 막혀서 수저를 놓고 방으로 들어갔다. 잠도 오지 않았고, 다음날 등산도 가지 않았다. 집에 있기가 뭐해 밖으로 나왔다가 내과병원장을 만났다. 아내가 위에 염증이 있어 치료를 받는 줄만 알았지 위암일지 몰라 고민하는 줄은 몰랐다.

체중이 느는 것을 걱정했기에, 아내가 체중이 5kg 줄었다고 했을 때, 체중이 줄면 좋은 거라고 말했다. 아내의 마음을 몰라 서운하게 했다는 생각이 들어 아내를 데리고 내과병원으로 갔다.

검사결과 치료하면 낫는다고 했지만 불안해서 큰 병원에 가자고 했다. 아내가 됐다고 했다. 아침 먹고 아내 모르게 내과병원에 가서 아내가 병을 감추고 있으면 곧바로 연락해달라고 말했다. 위궤양인데 완치되었다는 원장의 말을 듣고서야 천만다행이라 생각했다.

앞으로는 무심하게 지나치는 일없이 조그만 일이라도 신경 쓰며 이해하면서 살아가겠다고 다짐했다. 노년의 삶을 살다 보니 건강하고 금실 좋게 사는 부부가 제일 부러웠다.

아름다운 화해

수요산악회에서 정상에 갔다가 하산하려고 하는데 비가 왔다. 비옷을 챙겨가지 못해서 비 맞고 집으로 돌아왔으나 아내가 없었다. 등산 장비부터 꺼내 정리하고 샤워를 했다.

저녁때 서울에 사는 아들 경주가 지방에서 강의하고 돌아가는 길에 들렀다. 아내도 외출에서 돌아왔다. 나와 아내 그리고 경주 셋이서 저녁을 먹고 잠을 잤다. 내가 힘들게 등산한 것을 아내는 모르고 있었다.

다음 날 아침을 먹고 경주는 서울로 갔다. 컴퓨터 방에서 드러누워 있으니 아내가 농장에 가자고 했다. 피곤하고 손가락을 움직일 수 없을 정도로 아프다고 말했더니, 엄살 부리는 것으로 생각했는지 짜증을 냈다.

비 맞고 등산하는 도중 미끄러져 다칠 뻔한 것을 말하니, 진작 말하지 않았느냐면서 미안해했다.

아내는 화가 나도 오래 가지 않았고, 먼저 화해를 했다. 얼마 전에는 공주시 시민상을 수상하기도 했다.

이해와 오해는 종이 한 장 차이다. 몸이 좋지 않으면 좋은 말에도 짜증이 나고, 몸이 좋으면 나쁜 말에도 짜증을 내지 않는다. 혹시 짜증스러운 말이 나오면 같이 짜증 낼 것이 아니라 상대의 입장을 자세히 알아보고 화해하는 방법을 찾아보면 좋다.

서로를 위하는 마음

1963년 계묘(癸卯)년 2월 17일(음력 1월 24일)에 결혼했으니 2023년 2월 17일이면 결혼 60주년이 된다. 부부가 60년을 같이 살았으니 다 알 거로 생각하지만, 모르는 부분도 많고 무심코 던진 말에 서운할 때도 많다.

주변에서 존경받는 사람들을 보면 고운 말, 칭찬하는 말, 배려하는 말을 자주 주고받으면서 살아가는 것을 볼 수 있다. 서운한 말은 하지 말고 신경질 내지 말며 서로 위하는 마음을 가지고 살아가면 좋겠다.

입에 쓰거나 귀에 거친 말은 약이 된다고 하지만 너무 가슴 아픈 이야기는 가슴에 박혀 오래도록 남는다.

한마디 잘못 건넸다가 병이 된다는 사실을 알면 좋겠다. 노인이 되면 어린아이가 된다는 말과 같이 조금 서운한 일도 마음이 아픈 경우가 많다. 나이가 들수록 서로 배려하고 존중해 줄 필요가 있다.

부부동반 여행

인생은 한 번도 가보지 않은 길을 가는 여행이라고 한다. 여행길에서 아내를 만났지만 서른 길에서는 가난을 이겨내기 위해서 아름다운 여행을 몰랐고 마흔 길에서도 가정의 안정을 찾기 위해 추억 여행을 떠나지 못했다.

아내와 추억 여행을 떠난 쉰 길과 예순 길에서도 잘 인식하지 못했다. 팔순 길에 들어서고 보니 인생의 동반자라는 것이 무척 중요하다는 것을 알게 되었고, 낯선 길을 동행해 준 아내가 있어서 든든

하다는 생각이 들었다.

아내와 같이 국내여행도 하고 해외여행도 하고 있다. 해외여행은 태국, 중국, 호주, 뉴질랜드, 미국, 캐나다, 일본, 튀르키예를 다녀왔다. 나이 들고 아프다 보니 젊은 시절에 좀 더 다녀올 걸 하는 아쉬움도 있지만 뒤늦게나마 추억할 일들이 있어 다행이라 생각한다.

국내 명소 관광

백제의 수도 공주에서는 해마다 백제문화제가 열린다. 백제문화제가 열리는 가을이면 아내의 손을 꼭 잡고 공연도 구경하고 맛있는 음식도 사서 먹곤 한다. 동생 은창이와 조카 지영이가 공주시청에 근무하고 있어서 정보를 일찍 알 수 있고 미리 계획도 세워 구경할 수 있어 좋았다.

우리 나이에 젊은 시절부터 여행을 다닌다는 것은 쉬운 일이 아

니었다. 지금처럼 자동차가 집마다 있는 것도 아니고, 여행이 보편화된 것도 아니었다.

대전에 사는 은학 내외가 대전엑스포에 초청을 해주었다. 1993년 8월 7일부터 11월 7일까지 열린 대전엑스포를 다녀왔는데, 내 나이가 쉰이 넘어서였다. 정말 웅장하고 멋있었고 길게 줄을 서 있어도 지루하지 않았다.

제주도에는 우리 부부와 은숙, 소영, 범주, 용택, 효재와 같이 다녀왔다. 콘도에서 지냈는데, 은숙이가 고생이 많았다. 박물관과 식물원 그리고 바닷가를 돌아다니면서 즐겁게 놀고 왔다.

우리 부부는 박물관이나 명소를 찾아 관람하기도 하고 가까운 대천이나 부여를 구경하기도 하며 아내가 좋아하는 꽃구경도 다니면서 추억을 만들었다.

아내는 고향의 화봉 사람들이나 공주시장 사람들과 모여 여행을 다니고, 나는 수요산악회를 통해 여행을 다니고 있다. 우리 부부의 국내 여행은 따로 또 같이 여행하는 중인데, 이 방법도 괜찮은 것 같다.

태국

교장단 모임에서 해외여행을 다녀온 후 아내에게 같이 해외여행 갈 것을 약속했다. 아내는 천천히 가도 된다고 말했지만 나는 왠지 마음이 급했다. 기회가 좀처럼 오지 않다가 교직에 근무하는 회원들이 만든 교우회에서 3박 4일 태국 여행을 다녀오기로 했다.

태국 방콕에서 왕궁, 에메랄드 사원, 방콕국립박물관을 구경하고 코끼리 탑승 체험장에 갔다. 거대한 코끼리 등에 올라타 보니 서먹하고 무섭기도 했다. 생전 처음의 경험이라 얼른 내려서 바구니에 있는 애호박을 집어 주었다. 아내는 코끼리가 무섭다면서 타지 않으려고 해서 내가 손을 잡고 같이 탔다.

백두산

김차랑과 오한식 친목회원과 함께 부부동반 여행을 떠났다. 중국 연변에 숙소를 정하고 시내 관광을 했는데, 중국에 온 느낌이 들지 않았다. 만나는 사람들이 한국어를 사용하고 조선족 학교가 있어 더욱 그랬다.

백두산 천지 관광을 했다. 운이 좋아야 백두산 천지를 구경한다고 하니 우리 일행은 운이 좋은 모양이다. 아쉬운 것은 중국 땅을 통해서만 백두산에 오를 수 있다는 사실이다.

백두산 관광을 마치고 두만강 관광을 했다. 두만강 건너편에서 목욕하며 뛰어노는 북한 어린이들을 보고 있자니 손을 잡아주고 싶었다. 두만강 다리 반 이상을 북쪽으로 넘어가면 북한군이 총격을 가한다는 말에 겁이 덜컥 났다.

우리 부부는 중국 여행을 같이 또 따로 하기도 했다.

호주

2002년 8월 5일, 정년퇴임을 얼마 남겨 놓지 않고 호주 여행을 떠났다. 막내며느리가 대형 항공사에 근무하고 있어 직계 가족에게 제공하는 혜택을 받아 겸사겸사 다녀올 수 있었다.

나와 아내 둘이서 떠난 것은 처음이었다. 비행기에서 내리니 가이드가 와서 우리 부부를 숙소로 안내하였다. 4박 5일 동안 가이드 차를 타고 이동하다 보니 관광지에서 한국 사람을 만나면 얼마나 반가운지 몰랐다.

호주 시드니는 광활한 녹지공간이었고 고층 건물은 보기 힘들었다. 나와 아내는 4박 5일 동안 오페라하우스와 왕립 식물원, 그리고 물고기뿐만 아니라 무시무시한 상어와 귀여운 펭귄을 만날 수 있는 아쿠아리움을 구경하고 돌아왔다.

아쉬운 점은 관광지에서 사람들과 어울려 지낼 수 없었다. 다음부터는 단체 여행을 다니자고 말했다.

뉴질랜드

뉴질랜드는 나와 아내, 소영, 범주, 유순, 효재와 같이 출발했다. 모든 가족이 같이 가길 원했지만, 사정이 여의치 않아 2003년 11월 9일부터 11월 13일까지 4박 5일 여행 했다.

인천공항에서 비행기를 타고 11시 30분 만에 뉴질랜드 북섬에 도착했다. 뉴질랜드의 역사는 짧으며 고층아파트가 없고 북향집을 짓고 산다고 했다.

뉴질랜드는 불의 고리로 불리는 환태평양조산대가 통과하기 때문에 화산의 흔적이 많이 남아 있다. 연못 옆에서 수증기가 품어져 올라왔고, 간헐천에서 나오는 물은 뜨거웠다. 온천물로 목욕한 것도 기억에 남는다.

양, 소, 사슴, 말의 나라라고 하는데, 우리 가족은 양떼몰이 현장을 견학했다. 개 한 마리가 많은 양을 몰고 다니는데, 혼란 없이 움직이는 것이 신기했다.

튀르키예

내 칠순 기념으로는 2008년에 미국과 캐나다를, 아내 칠순 기념으로는 2009년에 일본을 다녀왔다. 해마다 해외여행을 다니는 것 같아 다음으로 미루려고 했는데, 지금은 튀르키예로 국가명이 바뀐 터키가 볼만 하다고 해 2010년 나와 아내, 범주, 용혁이가 함께 했다.

튀르키예는 6·25 한국전쟁 때 우리나라에 참전군대를 보내준 우방 국가이다. 우리 가족과 일행은 튀르키예의 6·25 한국전쟁 참전 용사 묘지를 참배했다. 고대의 지하궁전을 관광하였고 옛 고궁 터도 구경했으며 열기구도 탔다. 튀르키예는 관광 명소가 많아 볼거리가 많았다.

처음 해외여행을 떠날 때는 무섭기도 하고 겁도 났지만, 횟수가 늘어날수록 자연스럽게 적응해 나갔다. 지금은 아내의 건강이 예전 같지 않아 해외여행은 힘들지만, 텔레비전에서 나오면 추억 여행하면서 즐거워하고 있다.

부부의 인생 여정

회갑은 태어난 간지가 한 바퀴 돌아왔음을 축하하는 날이다. 아내는 경진년인 1940년 4월 25일(음력)에 태어나 경진년인 2000년 4월 25일(음력) 회갑이 되었다.

아내는 종손 며느리로 시집와서 눈물 나게 고생하며 살았다. 아내의 고생은 어찌 말로 다 표현할 수 있으련만, 이웃들이 더 많이 고생한 사람이라고 이야기하는 것으로 봐서 아내처럼 고생한 사람은 드물 것이다.

호강 한번 시켜주지 못하고 고생한 아내에게 큰 선물을 해주고 싶었다. 아내는 만류했지만, 처남들과는 식사해야 하지 않느냐고 말했다. 아내의 생일날 처가 식구들이 많이 모인 것은 처음이었다.

아내의 회갑

아내의 회갑 잔치 이야기가 시작되자 친척들과 이웃들이 축하해주고 싶다고 했다. 아내가 집안 행사에 빠짐없이 참석하다 보니 일이 점점 커졌다. 아내가 편안하게 회갑상을 받을 수 있도록 옆에서 돕기로 했다.

큰며느리가 개량 한복을 맞추자고 했다. 나도 괜찮겠다 싶어 공주시장에 있는 한복집에서 개량 한복을 맞췄다. 셋째 정주가 밴드를 불러야 한다고 했다. 솔직히 밴드까지는 생각하지 않았는데, 고생한 아내를 생각하면 괜찮겠다 싶어서 밴드도 불렀고 화환과 현수막도 내걸었다.

처가에 연락하니 주변에 이씨 종친들이 살고 있어 소문이 났다. 처가 식구들과 친척들, 지인과 이웃들이 참석한 가운데 아내의 회갑잔치가 공주 외곽에 있는 큰 음식점에서 2000년 4월 25일(음력)날에 진행되었다.

회갑 음식은 음식점에서 준비하고, 아내가 손수 준비한 떡과 과일 그리고 식혜가 더해지니 회갑상이 푸짐했다. 막내 범주가 사진을 전공해서 사진 촬영과 비디오를 맡았다. 둘째 경주의 사회로 진행되었고, 가족들이 축하 인사와 노래를 불렀다. 다들 노래를 잘 불

러 축하 공연이 끊이지 않았다.

아내는 무척 행복해했다. 나 또한 기뻤다. 아내를 위해 밥 한 끼 제대로 차려준 적이 있나 생각하게 되었다. 아내에게 외식도 하고 편안하게 지내자고 약속했는데, 잘 지키지 못하고 있다.

칠순 기념

나의 칠순을 기념하여 2008년도에 자녀들이 마련한 해외여행이다. 서울에서 비행기를 타고 미국 LA공항에 도착했다. LA공항에는 김지영 변호사가 피켓을 들어 환영해 주고 호텔까지 찾아와 고급명소를 구경시켜 주었다. 나의 친구 주장환 내외도 먼길을 무릅쓰고 찾아와서 우리 내외와 자리를 같이 해주었다. 평생 잊지 못할 고마운 추억이다.

끝이 보이지 않을 정도로 광활한 대지가 부러웠다. 영화를 만드

는 할리우드와 코리아타운을 구경하고 캐나다로 건너가서 나이아
가라 폭로를 관광했다. 아프리카의 빅토리아 폭포와 남아메리카의
이과수 폭포와 함께 세계 3대 폭포로 불리는 나이아가라 폭포를 보
는 순간 감탄사가 절로 나왔다.

우리 내외가 배를 타고 폭포의 아래까지 구경하고 돌아오는데,
사범학교 동창 김민광 교장을 우연히 만났다. 얼마나 반가웠는지
한참을 부둥켜안고 말을 못 했다.

캐나다 여행 중에 보람 있는 일은 자녀들이 미리 주문해 놓은 칠
순 잔치 음식이었다. 같이 간 일행과 나누어 먹었다. 이런 음식은 처
음 먹어본다고 일행들이 인사할 때, 자녀들의 고마움을 새삼 느꼈다.

2009년 아내의 칠순이다. 아내는 다음에 가자고 했지만 나만 칠
순 여행을 다녀온 것 같아 미안해서 가까운 일본에 다녀왔다.

일본은 전국 부설초등학교 교장 모임에서 다녀왔고, 공주교육대

학교 부설초등학교 교장 재직 중에 일본의 사가현 교육위원회와 한일 친선교류를 맺어 1994년과 1995년 공주교육대학교 부설초등학교 학생들과 여름방학 때 두 번 다녀왔다.

아내는 처음이지만 나는 4번째 일본 여행이었다. 우리 부부는 일본 큐슈 동부에 있는 오이타현으로 향했다. 아소산의 동쪽에 있는 활화산 분화구들이 많은 화산지대로서 온천이 유명하며 벳푸시의 온천에 들렀다.

벳푸온천은 독특한 건물 양식이 특징이며 온천으로 데운 모래를 온몸에 끼얹곤 했는데, 그 느낌이 새로웠다. 아내도 모래를 끼얹은 것은 처음이라 낯설고 어색하면서도 즐겁다고 했다.

팔순 잔치

기묘년인 1939년 8월 그믐(음력)날에 태어나 무술년 2018년 8월 그믐(음력)날을 맞아 팔순이 되었다. 팔순은 복록(福祿)이 좋은 어른이 하는 것이라고 하니 나는 복 있는 사람인 것이 분명했다.

나는 회갑 잔치는 하지 않았지만, 칠순 잔치는 했다. 꽃다발과 현수막 그리고 케이크와 밴드를 초청했고 해외여행도 다녀왔다. 지인이나 친구들을 부르지는 않았지만, 김학수 교수 부부가 와서 악기를 연주해 주었다.

나의 생일날에는 매년 40여 명이 식당에 모여 가족 우애와 화목의 시간을 가졌다. 나는 그 정도면 괜찮다고 했다. 아내는 관광버스로 1박 2일 국내 명승지 여행도 괜찮겠다고 생각했지만, 가족들이 시간을 맞추기가 쉽지 않았다.

고민 끝에 가족이 모여 식사하기로 하고 우리 부부는 친구들을 따로 만나기로 했다. 4남매가 한마음이 되어 가족 모임 행사를 주선하고, 형제들과 인천에 사는 은숙이네 가족까지 와서 우애와 화

목한 시간을 보낼 수 있었다.

부모에게 효도하는 것은 건강하게 살면서 편안하게 해주는 것이라고 말했다. 내 팔순에 잔치하지 못해 서운하다면서 『팔순을 맞이하신 아버지께 드리는 글』을 가족들이 써주었는데, 가슴이 뭉클하여 머리맡에 놓고 생각나면 읽곤 한다.

가족 편지글

문득 앞을 바라보았습니다. 오늘 팔순을 맞이하신 아버지께서는 푸른 하늘과 맑은 공기 그리고 밤나무들로 가득한 정송평생농장에서 밤을 줍고 계셨습니다.

아버지께서는 집안의 큰 어른으로서 세월의 무게만큼 인생을 내다볼 줄 아는 혜안과 정성스럽고 성실함을 근본으로 늘 지혜롭고 정의로운 길을 걸어오셨지요.

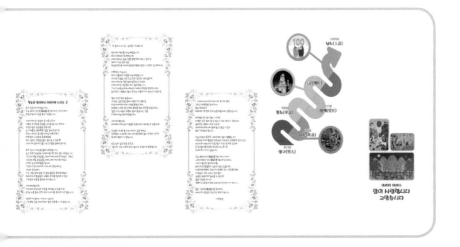

어머니께서는 종가를 지키는 어른으로서 따뜻함과 너그러운 포용력으로 우리 집안이 흔들림 없이 걸어갈 수 있도록 아버지와 함께 의견을 나누고 힘을 합해 주셨지요.

문득 겁이 나 하늘을 올려다보았습니다. 높고 푸른 하늘에는 어제와 별다른 것이 없어 보였습니다. 1939년 8월 그믐(음)날 아버지께서 바라본 하늘도 그랬고, 1940년 4월 25일(음) 어머니께서 바라본 하늘도 여전히 높고 푸르렀을 겁니다. 그런데 젊음은 온데간데없고 흰머리와 주름살만이 세월의 무게를 말해주고 있어 가족들의 마음을 울컥하게 만듭니다.

어찌해야 할까요. 어찌해야 부모님의 마음을 헤아릴 수 있을까요. 몸 둘 바를 몰라 추억 속의 아버지를 찾아보기로 했습니다. 정확하게 날짜는 기억나지 않지만 분명한 것은 아버지께서 빨간 장화를 사 오셨습니다. 전 좋아서 비 오는 날만을 기다렸지요. 공주에서 학교에 다닐 때였습니다. 배가 아프다는 말 한마디에 아버지께서는 놀라 저를 병원으로 데리고 갔지요. 지금 우리가 사는 덕성궁전타운 자리에 있었던 병원이었으니 인연도 참 묘하지요.

이뿐만이 아닙니다. 제가 서울에서 직장을 다닐 때였습니다. 다니던 직장을 그만두고 공주 집으로 내려왔을 때 어머니께서는 작은 방에 있으라고 하고는 아버지께 인사할 틈도 주지 않으셨습니다. 그리고 다음 날 어머니께서는 반찬을 챙겨주시면서 놀더라도 사람들이 많이 모이는 서울에 가서 놀라고 하셨지요.

벌써 20년 전의 일입니다. 그때는 깊은 뜻을 몰라 서운하기도 했

지만 지금 아버지와 어머니처럼 중년이 되어 50년의 세월과 공간 속의 추억을 찾아 곳곳을 되돌아보니 깊은 자녀 사랑이 오롯이 숨어 있었다는 것을 새삼 알게 되었습니다.

어찌해야 할까요. 어찌해야 부모님의 마음을 조금이라도 헤아릴 수 있을까요. 인생을 내다볼 줄 아는 아버지 같은 혜안도 따뜻함과 너그러운 어머니의 포용력도 많이 부족한 중년의 철부지가 말입니다. 부모님의 깊은 뜻을 모르고 많이도 가슴 아프게 하고 많이도 속 상하게 만들었지요.

이제야 아버지와 어머니의 용기와 결단 그리고 따뜻함을 알게 되어 많이 죄송하고 하루에도 몇 번씩 부모님을 떠올리며 눈물짓습니다.

어찌 될까 봐 겁이 많이 나지만 다행인 것은 같이 할 수 있는 시간이 있다는 것입니다. 앞으로는 전화도 자주 드리고 부모님과 함께할 수 있는 시간도 많이 가지려고 합니다.

오늘 아침에 공주로 내려오면서 많이 설렜습니다. 예전에는 미처 몰랐던 부모님의 잔소리도 오랫동안 듣고 싶고 지금 왔느냐고 하는 정겨운 소리와 두 팔 벌려 품 안으로 안아주시는 온기도 오래도록 느끼고 싶습니다.

오늘 팔순을 맞이하신 아버지, 내년에 팔순을 맞이하실 어머니 그리고 앞으로 맞이하게 될 백순에도 백제의 고도이자 교육의 도시 공주를 향해 자녀들과 가족 그리고 친지들이 설레는 마음으로 달려 올 수 있도록 일은 조금만 하시고 행복하고 즐겁게 오래오래 만수 무강하셔야 합니다.

팔순을 맞이하신 아버님의 생신을 진심으로 축하드립니다.

– 가족 일동 –

사육회(師六會) 부부 모임 팔순 행사

팔순 행사를 마치고 각자의 집으로 돌아갔다. 집에는 우리 부부만이 남아 허전하게 시간을 보냈다. 가족들은 오면 반가운데 떠나면 서운하고 허전하다. 남들은 시원섭섭하다고 하는데, 섭섭함이 더한 것 같다.

더 늦기 전에 친구들을 초대하고 싶었는데, 팔순이 괜찮겠다는 생각이 들었다. 나와 아내도 그렇지만 친구들의 건강도 예전과 같지 않기 때문이다.

사육회(師六會)는 오랫동안 우정을 갖고 맺어 온 부부 모임이다. 공주사범학교 6회 동창 이창복, 구본웅, 김정환, 이철수, 이은호의 우정으로 모인 모임이다.

생일이라는 말은 하지 않았는데 어떻게 알았는지 생일 축하 화환과 생일 케이크를 마련해주고 생일 축가까지 불러주었다.

회원들에게 고맙다는 인사를 하고 오래오래 살아야 한다고 말했다. 내가 말을 하니 친구들도 그래야 한다면서 눈시울을 붉혔다. 다들 나이가 팔순이 넘다 보니 이런저런 생각이 많이 드는 모양이다.

보고 싶고 고마운 사람들

인생은 희로애락을 함께 나눌 수 있는 친구나 지인이 많을수록 건강한 삶을 유지하고 장수한다고 한다. 내가 팔십 평생을 넘게 살아오는 동안 잘 살았고 잘 견뎌낼 수 있었던 것은 친구와 지인들 덕분이다.

가는 길이 달라 만나고 헤어지는 일들을 반복했지만 지나고 보니 어려울 때 상담해 주고, 좋은 일이 있을 때 축하해주고, 주저앉아 있을 때 일으켜주면서 같이 걸어와 준 인연들이 참 많다.

병설중학교 입학하고 머물 곳이 없어 고민할 때 도움을 준 이기화, 사범학교에 입학하면서 만난 주장환과 김철식, 처음 발령을 받아 석송초등학교에서 근무를 시작한 신동민, 유재남, 이창복은 고마운 친구들이다.

교직 생활을 하면서 만난 나태주, 이일주, 강용구, 김학수….

수요산악회의 김학기, 김윤년, 이봉순, 이승주, 조종호, 오규탁, 원윤희, 박무웅, 조창성, 이규희, 김상철, 성월순, 이금자, 김재경,

서미자, 임재춘, 박창옥 ….

탁구 교실의 이응래, 유병수, 김일배, 장언산, 명규식, 김성태, 이내창, 김덕중, 김창식, 박상규, 이화자, 신계철, 현순옥, 나미숙, 이연숙, 김교한, 김영일, 박성규, 박승천, 박천명, 이용석, 최정보, 이금자 ….

서예 교실의 구경자 선생님, 유재웅, 우척식, 양길웅, 임동수, 정명재, 방서균, 오연기, 김영호, 윤석기, 정태혁, 김선자, 강소임, 백정순, 박병목, 정순원, 김승동, 조중호, 이순임, 정윤영, 박상용, 임재걸 ….

이웃이자 지인으로 만나 인생의 고비고비를 함께 하면서 지내온 박노윤, 임종원, 최영길, 채도병, 이남묵, 이기태, 박주서, 김지준, 신완철, 장용덕, 이정필, 이기분, 이경복, 김반돌에게도 만나면 반갑고 아름다운 인연으로 오랫동안 남아 있기를 바란다.

잘 어울려서 지내는 것이 내가 잘나서가 아니라 친구들과 지인의 양보 덕분이라는 생각을 한다. 나한테는 과분했고, 디딤돌이었고, 든든했다. 큰 문제없이 품에 맞게 살아올 수 있도록 도움이 되어 준 친구와 지인들이 고맙고 새삼 더 그립다.

조상의 숨겨진 여백

아내는 명절과 제삿날이 되면 열흘 전부터 차례 상차림은 물론 가족들이 먹을 음식 그리고 챙겨 보낼 음식까지 준비하느라 잠을 설친다. 정성이 중요한 것이니 간소하게 준비하자고 해도 오랜 세월 몸에 배어온 생활습관이라 좀처럼 고쳐지지 않는 모양이다.

아내를 돕다 보면 명절이나 제삿날도 우리 대에서 끝나지 않을까 하는 생각이 든다. 가문의 전통과 조상의 내력을 지키기는 쉽지 않다. 그렇다고 성과 본마저 모르고 살아가도 괜찮다는 것은 아니라는 생각이다. 내가 결정한다고 이어지는 것도 아니라, 후손들의 현명한 선택만을 지켜볼 뿐이다.

증조부

우리 조상이 충청남도 공주시 정안면 화봉리 재집말에 살게 된 것은 이상순 증조부 때부터다. 조선 시대에 정착했으며 1980년대 초까지 살다가 공주 시내로 이사를 왔다. 지금은 화봉리에 당숙모만 살아 계신다.

덕천군 파보 발간 작업을 2000년 1월 1일에 시작하면서 조상의 생애 발자취를 살펴보았는데, 놀라운 사실은 단명이었다. 근래 들어 당숙이 94세, 종조모가 89세까지 장수하셨던 것을 제외하면 대부분이 일찍 돌아가셨다.

현재 이상순 증조할아버지 후손들은 우리 형제를 포함해서 4촌과 6촌 그리고 자손들을 합해서 70여 명이 된다. 공주가 중심이 되어 천안, 대전, 서울, 인천 등에 살고 있다.

어머니 사갑

이상순 증조할아버지와 이건영 할아버지 그리고 이덕하 아버지로 이어오면서 화봉리에 뿌리를 내리게 되었다. 아버지는 일찍 부모를 여의고 고모 댁으로 잠시 거처를 옮긴 것을 제외하고는 화봉리에서 사셨다.

아버지와 결혼한 어머니는 38세에 세상을 떠나셨다. 산천초목도 슬퍼할 일이기에 어머니 생각만 하면 눈물이 앞을 가리곤 한다. 이런 내 마음을 알기에 아내가 어머니의 사갑제 이야기를 했다.

사갑제(死甲祭)는 회갑을 맞이하기 전에 돌아가신 어머니를 위해 돌아온 회갑 날에 지내는 제사를 말한다. 우리는 살아생전 회갑잔치를 해드릴 수 없으니 사갑제를 올리고 동네 어르신을 모셔서 음식을 대접하기로 했다.

1922년 12월 27일(음력)에 태어나고 38세에 돌아가신 어머니가 살아계셨다면 1982년 12월 27일(음력)이 회갑날이다. 세상에 가장 불쌍한 어머니라고 생각하며 효도 한번 못한 것을 원망하며 불효자라 울고 울었는데, 조금이나마 갚을 수 있어 마음이 편안했다. 동네 어르신들께서도 참 잘했다고 좋아하셨다.

아버지 장례 부의금 기증

아버지는 1983년 5월 6일(음력)에 돌아가셨다. 아침에 뵙고 갈때는 건강하신 아버님이 이렇게 허망하게 돌아가시다니 너무나 꿈만 같은 일이었다. 아버지 장례는 3일 장으로 동네 사람들이 도와주어 잘 모셨다. 장례를 모시고 나니 집은 허전하고 누구를 의지해야 할지 앞길이 막막했다.

형제가 모두 공직에 있다 보니 동네의 애경사를 소홀히 했다는 생각에 가족회의를 거쳐 장례 모시고 남은 부의금 전액을 동네에 전달했다. 동네 사람들이 처음 있는 일이라며 고마운 인사를 해주었다.

이장을 중심으로 협의한 결과 마을회관에 필요한 집기를 사고 방송시설을 설치했다. 마을 사람들은 회의할 때 편안한 의자에 앉아서 좋고, 중요한 일이 있을 때 방송으로 들을 수 있어 좋다고 말했다.

보람을 느낀 이후로 동생 은철은 충청남도 교육위원 재직 중에 마을회관 건립과 교량 1개를 설치하는데 최선을 다하여 고향 분들이 그 공로를 잊지 않고 있으며, 동생 은창은 정안면장을 하면서 고향 마을의 일에 정열을 다했다. 우리 형제는 항상 고향을 생각하며 잊지 않고 살려고 한다.

덕천군 파종회 파보 편찬

우리 가족이 어디서부터 출발했는지 알고 싶어 덕천군 족보를 살펴보았다. 족보는 한 종족의 계보로서 혈연관계를 기록한 책이며 조상을 숭배하고 종족의 단결을 뜻하며 후손이 화목하게 지내는 데 목적을 두고 있다.

덕천군은 조선 두 번째 왕 정종의 열 번째 아들이다. 종친회원들은 우리의 근본을 알리고자 계해보에 이어 20년 만에 덕천군 파보인 계미보를 편찬했다.

2003년 10월 25일에 덕천군 파보 편찬에 참여하게 되었다. 원래 파보 편찬은 30년 주기로 하는데 그해에는 일찍 시작했고, 나는 소종회의 책임을 맡아서 일했다. 소종회 회원들로부터 자료를 수집해서 서울 파종회 사무실에 들러 확인하는 작업을 반복했다.

자료가 분명치 않아 몇 번을 확인했고, 덕천군 파종회장을 직접

만나 확인하는 과정을 1년 넘게 해서 10권의 파보 편찬을 완료했다. 완성된 파보는 천안에 사는 종손 은상 형과 서울에 사는 영주 조카, 그리고 내가 보관하고 있다. 완성해서 보관하기까지 1년이 걸렸다.

조상의 뿌리

세종시 장군면 산학리에 터를 잡은 것은 11세 세홍 조상으로부터 시작된다. 세종시와 공주시 일대에 거주하는 덕천군파는 전주 이씨 100여 파 중에서도 번성한 문중에 속한다.

덕천군의 휘는 후생(厚生)이고 시호는 적덕(積德)이다. 덕천군 묘는 경기도 광주군 중대면 거여리에 있었는데, 군용지로 편입되면서 1974년 덕천군 사우가 있는 의당면 태산리로 이장하고 석물(石物)과 신도비, 묘비도 옮겼다.

덕천군(德泉君) 조상은 후손들에게 호학숭례(好學崇禮), 적덕

(積德), 충효(忠孝)라는 유지(遺志)를 남겼다. 즉 '학문을 즐기고 예절을 공경하라. 덕을 쌓아라. 나라에 충성하고 부모에 효도하라.'는 내용으로 500년간 이어오고 있다.

덕천군 부조묘와 사우에서는 매년 음력 10월 초하루에 묘제를 봉행한다. 주변에는 강당과 추모전, 송덕비, 홍살문 등이 조성되어 있으며 2010년 종재(宗財)와 덕천군 종회에서 건립한 종손의 주택이 있고, 종손이 거주하고 있다.

전주 이씨 500만 종원 중 덕천군 종원이 25만 명이 넘을 정도로 번창했다. 전주 이씨 덕천군파는 면(勉)○, ○원(遠), 상(象)○, 건(建)○, ○하(夏), 은(殷)○, ○주(周), 용(鎔)○, ○연(淵), 정(楨)○, ○환(煥), 중(重)○, ○전(銓), 순(洵)○, ○동(東), 병(炳)○, ○준(埈), 호(昊)○의 항렬표를 사용하는데, 이는 조상의 끈이 이어지고 돌봐준다는 의미를 담고 있다. 자랑스러운 덕천군의 후손이라는 긍지를 가지고 건강하고 화목하게 살았으면 한다.

덕천군 산소와 송림군 산소

덕천군 파종회에서 세종시 장군면 태산리에는 덕천군 산소만 모시도록 하고, 자손들의 묘소를 조성하지 못하도록 하였다. 이는 덕천군의 위상을 높이고 유지를 받들고자 하는 뜻에서였다. 그러던 중 경기도 파주 송림군의 산소가 도시계획에 의하여 이장하게 되었다.

덕천군 파종회장과 송림군 파종회장을 겸임하고 있던 이병하 회장이 문중의 중지를 모아 덕천군 산소와 나란히 모시게 된 것이다.

이는 덕천군이 생전에 막내 아들인 송림군과 같이 살았다는 것도 작용했다. 덕천군 시제일에 덕천군 시제를 지내고 나서 송림군 시제를 지내고 있다.

송원 친족 종친회와 규약 그리고 기금 운영

송원 친족 종친회는 세종시 장군면 산학리에 조상의 산소를 모시고 송원리에서 종회와 시제를 올렸기 때문에 불린 이름이다. 충남 천안시 동남구 병천면 용두리에 사는 은상이 형이 종손이다.

오래전부터 종친회 모임은 있었으나 종친회 규약도 없이 공주, 천안, 장기, 연기 등 종친회원 댁을 순회하면서 계모임 형식으로 운영해 왔다. 1978년 내가 철판에 원지를 긁어서 처음으로 규약을 만들었고, 종친회의 활성화를 위하여 은상, 은창, 성백 종친과 종친댁을 방문해서 설득하고 노력한 결과 2004년 1월 1일 현재의 규약으로 만들어 시행하고 있으며 내가 종친회 회장을 맡고 있다.

공주시청으로부터 사무 착오로 생긴 대깃값 350여만 원을 찾아내어 종친회 기금으로 입금했고, 종손 은상 형의 명으로 있던 종답은 세종시 개발로 인해 1억 6천 200여만 원이 보상금으로 나와 현재 2억 2천 960만 원으로 증액되었다.

현재는 나와 동주 명의로 가족 묘지가 등기되어 있다. 예전에는 매년 1월 1일 종친들이 돌아가면서 종회를 했으나 번거로움을 피하고자 시제 올리는 날에 하고 있다. 결혼한 회원은 자동 의무 회원이 되고, 종친회 묘지 관리비가 1년에 250만 원 들어간다.

종친들은 공주, 천안, 서울, 경기, 충북 등에 살고 있으며 200여 명이다. 영원한 종친회 발전을 위하여 좋은 고견과 협조가 필요하며 끝으로 조상을 숭상하고 종친끼리 화목하게 지내는 마음을 가지고 언제나 근본을 잊지 말고 살아주었으면 하는 바람이다.

종산과 조상 안치

세종시 장군면 산학리에는 시제 모시는 산소뿐만 아니라 가족 묘지가 있다. 다만 우리 쪽 산소는 이장하지 않아 화봉리 일대에 흩어져 있었다. 증조부모 산소는 이용현 산, 조부 산소와 어머니 산소는 공동묘지, 조모 산소는 개울 건너 남의 산에 모셔져 있었다. 아버지 돌아가셨을 때도 마찬가지였다.

가까이 모시는 것이 좋겠다는 생각에 2000년 3월 16일에 정안면 화봉리에 가족묘지를 조성했다. 주목나무로 조경하고 유실수도

심었다. 형제와 4촌 그리고 6촌까지 동참해 주었고, 명당자리라는 말을 들었다. 묘지 조성 이후 교육자, 판사, 사회복지사, 의사, 교육전문가, 공무원, 피아니스트, 성우, 직업상담사, 건축가, 연구원, 은행원, 간호사, 회사원, 박사까지 탄생했다.

이상순 증조부, 이월곡 증조모, 이건영 조부, 성주배씨 조모, 이덕하 부, 조용순 모, 이중하 숙부, 장의임 숙모, 이건좌 종조부, 서옥매 종조모, 이병하 당숙을 종산에 모시고 자손들이 모여 성묘를 한다.

매년 금초하는 날은 가족 만남의 날이기도 하다. 20여 년 동안 계속하고 있으며 지금껏 참여해준 은식, 은수, 은광, 은경 사촌들과 은성, 은범, 은옥 육촌들에게 고마움을 전한다.

조상의 제사

제사는 예로부터 내려오는 미풍양속 중의 하나이다. 돌아가신 조

상을 생각하며 은혜에 보답하는 마음으로 정성껏 음식을 마련하고 예를 갖추는 것으로 우리 집도 증조부모와 조부모 그리고 부모 제사를 지내왔다.

동생들이 옆에 살고 있어 큰 불편이 없었다. 옆에 사는 은철 부부가 달걀, 밀가루, 기름, 설탕 등을, 대전에 사는 은학 부부는 과일을 담당했다. 당일에는 4형제 부부가 일찍 와서 음식들을 준비했다.

문제는 아내가 몸이 아프기 시작하면서부터였다. 아내는 명절 때 30여 명이 모이고, 제사 음식도 며칠 준비하다 보니 아들 경주 세대에는 4대까지 제사를 모시는 일이 쉽지 않을 것 같다고 말했다. 아내의 이야기를 듣고 동생들과 상의한 끝에 증조부모와 조부모를 시제로 모시기로 했다.

설날과 추석 차례와 아버지와 어머니 제사만 모시게 되었다. 어머니는 1960년 음력으로 3월 1일에 돌아가셔서 제사는 음력으로 2월 그믐날에 모시고, 아버지는 1983년 5월 6일에 돌아가셔서 제사는 음력으로 5월 단옷날에 모신다.

제삿날이 돌아가신 전날인 것은 전날 밤 11시에서 당일 새벽 1시 사이가 신위들의 활동이 가능하다는 전래 의식 때문이다. 현대 사회에서는 돌아가신 날 지내거나 간단하게 예의를 갖추는 집도 늘어나고 있다.

조상을 추모하는 마음이 중요하다고 생각한다. 아내는 설날과 추석을 풍성하게 차리고, 산소에 가서도 잘살고 있다면서 조상들께 꼭 인사를 한다.

정직한 땅, 성실한 농부

1년에 130일 정도 정송평생농장에 간다. 농장에는 7,000평 정도의 밤나무 단지와 은행나무, 40여 종의 농작물이 자라는 밭이 있다. 젊은 시절에는 정신없이 살았으니 이제는 여유를 가지고 만족하면서 농장 생활을 하려고 한다.

노년에 건강, 배우자, 재산, 친구, 일거리를 오복이라고 하는데, 정송평생농장은 나에게 적당한 일거리를 제공해 주고 있으니 복 있는 사람이다. 무엇보다 정송평생농장이 좋은 것은 정송정과 종산이

있다는 것이다.

일하다가 힘들면 정송정에 가서 노래방 기기를 틀어놓고 휴식을 취하기도 하고, 종산에 있는 묘지에 올라 조상들과 이야기를 나누기도 한다.

자연에서의 여유

농장은 산과 밭으로 어우러져 있다. 나와 아내는 농장을 소통의 공간이자 나눔의 자리로 만들려고 농장의 공터에 꽃밭을 만들어 꽃도 심고 가꾼다.

얼마 전에는 꽃을 좋아하는 아내가 꽃잔디를 심었다. 아내의 지인이 꽃잔디를 키우고 있었는데, 아내가 보고 부러워한 모양이다. 시기에 맞게 꽃잔디를 보내줘 고마운 마음 잊을 수가 없다.

봄에는 꽃잔디가, 여름에는 나팔꽃과 호박꽃이, 가을에는 국화와

코스모스가 핀다. 농작물들도 알록달록한 꽃을 피워 보기 좋다. 가족이나 친척들도 꽃나무들을 가져다 주변에 심고 있다. 꽃밭이 점점 커질수록 자연이 주는 위대함을 느낀다.

욕심내지 않고 지내려 한다. 지는 꽃은 열매를 맺지만 꺾인 꽃은 땅으로 돌아갈 뿐이라는 교훈도 얻었다. 무리하면 병이 날 수 있다. 만족할 줄 알고 과한 욕심을 멈춰야 건강하게 살 수 있다.

성실을 배우는 공간

농작물은 농부의 발소리를 듣고 성장한다고 말한다. 얼마만큼 정성을 다하고 돌봐주었느냐에 따라 결과가 다르게 나타나는 것을 보면 참 신기하고 묘하다.

참깨, 들깨, 배추, 무, 옥수수, 감자 등을 심는데, 무심하면 대부분 실패하게 된다. 너무 과하지 않게 솎아주기도 하고, 잘 자랄 수 있

도록 물도 적당히 주어야 한다.

욕심을 부리고 밭작물을 풍성하게 만들어 놓으면 산에서 고라니가 내려와서 망쳐놓고 도망간다. 감당할 수 있는 만큼 농사를 지어야 하는데, 욕심이 과해 고라니가 경고장을 주고 간 것이 아닌가 생각한다.

푸른 산만 있으면 좋겠다고 생각했던 때가 있었다. 초심으로 돌아가서 땅이 건강하면 자연이 건강하고 자연이 건강하면 나와 가족이 건강하다는 생각으로 농사를 지으려 한다.

추억의 공간

정송평생농장이 편안하고 여유를 찾는 공간이 되길 바라고, 지인들이 부담 없이 쉴 수 있는 쉼터가 되면 좋겠다.

아내는 지인들이 놀러 오는 날이면 맛있는 음식을 준비한다. 얼마 전까지는 우리 집에서 모든 것을 준비했지만 아내가 팔순이 넘고부터는 지인들이 한두 가지씩 음식을 가져와서 뷔페처럼 차려서 먹는다.

상추와 쑥갓 같은 푸성귀는 바로 뜯어 먹을 수 있고, 집으로 돌아갈 때 가져가기도 한다. 누군가에게 정을 주고받으면서 산다는 것은 행복한 일이다.

남은 인생 건강하고 행복한 삶이길 간절히 바란다. 아내가 없는 세상은 상상할 수도 없다. 나는 지인들이 가고 난 뒤 아내에게 오래오래 살아야 지인들도 자주 놀러 오지 않느냐고 말한다.

몸과 마음은 평생의 친구

척추관협착증과 기관지로 고생해서 늘 건강을 챙긴다. 한번은 일하다 눈에 티가 들어갔는데도 큰일이 난 것처럼 집안을 발칵 뒤집어놓고 병원에 간 적이 있었다.

간호사이자 사회복지사인 조카 지영이가 많이 챙겨준다. 나와 아내에게 해마다 영양제 주사를 맞을 수 있도록 신경 써주기도 하고, 노년에 좋은 영양제를 선물하기도 한다. 동생들도 옆에 살다 보니 오고 가는 길에 과일과 음식을 챙겨주며 건강을 확인하곤 한다.

건강할 때 건강관리

나는 건강에 예민한 편이지만 아내는 건강을 소홀히 한다. 장인 장모가 큰 병 없이 장수해서 그런지 아내는 일만 하고 살아왔다. 젊었을 때는 나보다 더 건강했던 아내가 아프면 심장이 덜컹한다. 혹시 밤새 무슨 일이 생길까 봐 잠자리를 확인하고, 조금만 아파도 나때문인 것 같아 미안한 마음뿐이다.

대전에 사는 은학 내외가 돌침대를 사 왔다. 다리 아픈 아내를 보면서 나는 왜 돌침대 생각을 못 했는지 후회되었다. 정년퇴직하고 공무원연금도 충분한데 말이다.

아내의 건강 문제가 나의 머릿속에서 떠나지 않는다. 남은 시간 건강하게 살다 가는 것이 가장 행복한 삶이자 자녀들에게 걱정하지 않게 하는 삶이고 동기간에 정을 주며 사는 삶이라고 생각한다.

긴 병에 효자 없다는 말이 있듯이 나의 건강이 아내의 건강이고 아내의 건강이 우리 부부의 행복이라고 생각한다. 건강을 관리하지 않고 사는 사람, 돈만 벌려고 달려드는 사람이 가장 후회한다고 한다. 어차피 다 내려놓고 가는 인생 건강을 챙기면서 즐겁고 행복하게 살다가 갔으면 좋겠다.

비움의 실천

사람들은 심장만큼 두뇌를 중요하게 생각한다. 두뇌는 감정과 생각을 담당하는 대뇌와 근육 운동 조절이나 평형을 유지하는 소뇌

그리고 생명 유지에 중요한 역할을 하는 뇌간으로 이루어져 있다.

두뇌는 성인 몸무게의 $2 \sim 2.5\%$에 불과하지만, 산소의 25%를 소모할 정도로 막대한 에너지가 있어야 한다. 8초 정도의 산소가 공급을 중단해도 의식을 잃게 되고 1분 정도가 지나면 신경세포들은 차츰 죽게 된다.

두뇌는 치매와 연관되어 있으며 스트레스를 받지 말아야 한다. 머릿속에 담아놓거나 쌓아 놓으면 만성 스트레스를 받을 수 있으니 비움과 버림을 실천하는 것이 좋다. 탐욕이나 성공에 집착하지 말고 즐겁고 행복하게 살다 보면 스트레스도 덜 받고 몸도 건강해진다고 하니 그렇게 살다가 갔으면 좋겠다.

후두암을 극복한 이 씨

우리 몸은 머리부터 발끝까지 오체로 이루어져 있고 오장육부가

있으며 아홉 개의 구멍이 있다. 건강을 챙긴다고 해도 어딘가에서 나도 모르게 구멍이 생기게 된다. 감기처럼 며칠 앓다가 지나가기도 하지만, 암처럼 생사를 걱정할 수도 있다.

고향에 40대 초반에 서울 신촌세브란스병원에서 후두암 진단을 받은 이씨가 살고 있다. 병원에서는 6개월 시한부 삶이라고 말했다. 가족들은 울음바다였지만, 이 씨만 병명을 모르고 농장에 가서 저녁 늦게까지 일했다. 지금은 87세의 노령이니 40여 년 전의 일이다.

암도 극복하는 세상이다. 슬픈 일이 찾아오면 부정하고 분노하고 타협하고 우울해지고 나서 수용하게 된다고 한다. 의사와 약사를 믿고 조금만 더 일찍 타협하고 수용하면서 빨리 치료하고 건강을 되찾을 수 있는 노력이 필요하다.

건강 챙기기

젊었을 때 몸은 영원히 씩씩할 거라고 믿었다. 나이가 들고 보니 마음은 젊은데 몸이 늙었다. 늙음을 어찌할 수 없으니 건강을 챙겨야 한다.

매일 5시에 수영장에 가서 운동하고 체중을 확인한다. 집에 와서 일기장에 기록하고, 이상이 생기면 원인을 찾아 정상 체중으로 만든다. 체중을 감량해서 정상 체중을 유지하고 있고 아내도 정상 체중을 유지하고 있다.

몸과 마음은 하나이자 평생의 친구처럼 지내야 한다. 살다 보면 마음이 몸에 끌려다니다가 복부비만이나 체중 실패를 가져와 몸도 마음도 망가지는 경우가 있다.

어린 시절의 강한 정신력과 군 생활에서 얻은 불굴의 투지 그리고 등산으로 단련된 체력을 바탕으로 몸과 마음을 살피면서 규칙적인 생활을 하고 있다.

아내와 같이 규칙적인 생활을 하면서 건강을 챙기려고 한다.

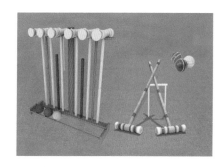

꿈 너머 꿈을 향하여

1959년 3월부터 시작해서 2002년 8월 31일 정년퇴직할 때까지 성실하게 교육자로서의 본분을 다했다. 43.5년을 교육계에서 생활했으니 직업의식과 사명감이 몸에 배어있는 것도 분명하다.

청춘으로 돌아가면 무엇을 하고 싶은가 물으면 교사다. 교사가 내 천직이라는 것은 교사를 통해서 의미와 가치 있는 일들을 이뤄냈기 때문이다. 만약 교사라는 직업이 꿈이었다면 난 봉급생활자 교육공무원에 불과했을 것이다.

낙후된 내 고향을 살리고 싶다는 꿈, 가난한 우리 집을 화목하게 만들고 싶다는 꿈을 이뤘기에 흐뭇하고 행복하다. 엊그제 같은데 정년퇴직한 지도 벌써 20년이 지났다. 몸은 늙었는데, 마음은 아직도 청춘이다.

꿈 너머 꿈

젊은이들을 만나면 제자 같기도 하고 내 청춘 같기도 해서 이야기하는 것이 꿈에 관한 것이다. 대부분은 교사, 소방관, 의사, 운동선수, 경찰관 …, 이라며 직업을 말한다. 내가 왜? 라고 물으면 대답을 하지 못한다.

직업이 최종 목표이자 꿈이기 때문이다. 직업은 수단일 뿐이지 꿈은 아니다. 만약 의사라는 직업을 생각해 보자. 낙후된 지역에 가서 의료환경개선을 할 수도 있고 국경없는의사회에 소속되어 인류의 건강을 위해 봉사할 수도 있다. 직업이 의사일 뿐이지 하고 싶은 꿈은 다양한 것이다.

직업을 선택할 때 중요한 것은 적성과 흥미다. 적성이 맞지 않거나 흥미가 없으면 직업을 오래 가질 수 없어 방황하게 된다. 행복하게 잘 살려면 적성과 흥미를 파악하고 의미 있고 가치 있는 직업을 찾아서 지루하지 않게 꿈을 이뤄야 한다.

나 자신만을 위한 꿈이 아니라, 다른 사람을 행복하게 해줄 수 있는 꿈 너머 꿈이 있어야 행복한 삶을 살 수 있다.

경험의 지혜

경험을 통해 얻을 수 있는 지혜로운 사람이 되길 바란다. 지식과 정보는 스스로 체득하지 않아 뜬구름 잡을 때가 종종 있지만, 지혜는 진정성이 있다.

세월이 흘러 육십갑자를 살아온 제자들을 보면 흰머리도 있고, 은퇴해서 제2의 인생을 살고 있기도 하다. 공부를 잘했다고 성공한 것도 아니고 공부를 못했다고 해서 실패한 것도 아니라는 생각이 든다.

인생은 정답이 없고 늘 진행 중이지만 경험을 바탕으로 일군 삶에서는 현재에 머무르는 것이 아니라 변화에 대처해서 지혜롭게 발

휘해 나간다는 생각이 든다. 자신감이 있고 당당한 모습을 볼 때야 말로 진정한 성공이고 보람이며 가치 있는 삶이라는 생각에 응원의 박수를 보내게 된다.

끊임없는 도전

정년퇴직은 끝이 아닌 새로운 시작이다. 만약 쉬고 있다면 최소한 다른 길을 걸어보라고 말하고 싶다. 걷다 보면 궁금한 것이 보이고, 궁금증을 갖다 보면 새로운 것이 보일 것이며 새로운 것을 하다 보면 배우고 싶은 것이 생겨 제2의 인생을 살 수 있다.

정년 이후의 삶이 더 길을 수도 있다. 멈춰서 두뇌를 사용하지 않는다면 대뇌피질 두께가 얇아지고 인지기능이 약해져서 치매에 걸릴 확률이 높다. 가장 쉽게 두뇌를 사용하는 방법은 책을 가까이하는 것이다.

집에 가만히 앉아서 할 수 있고, 서늘한 공원에서 할 수 있다. 책을 읽다 보면 미지의 세계를 탐험하게 되고, 나도 모르게 사회에서 할 수 있는 일들을 만나 경험하게 되고 건강한 삶을 살 수 있다.

황혼 무렵에 들리는 소리

한평생 살아가는 과정에서 생로병사는 막을 수 없다. 다만 노년의 기억이 행복하면 행복한 기억을 많이 가지게 되고, 노년이 불행하면 불행한 기억을 많이 가지고 떠난다.

어떻게 살다가는 삶이 가치 있고 아름다운 삶인지 생각해 보면서 화를 내거나 베풀지 못한 부분은 없는지 돌아보고 고마운 사람에게 화를 냈다면 만나서 화해하고 싶다.

가족과 이웃 그리고 지인들로부터 아름다운 삶을 살다 갔다는 말을 듣고 싶다. 삶에 대한 애착심이 있는 만큼 정리할 수 있는 부분들은 정리하고, 나누고 베풀 수 있으면 최대한 나눠주고 싶다.

건강한 삶

사람들은 모두 건강하고 오래 살기를 원한다. 좀 더 일찍 일주일에 3번 이상 운동하고 하루에 20분 이상 햇볕을 쬐거나 1시간 이상 산책했다면 좀 더 건강하게 살 수 있었을 텐데, 아내가 아프다고 할 때마다 왜 진작 그렇게 하지 못했을까 후회한다.

황혼 무렵이 되어 주위를 둘러보니 병간호하면서 사는 지인, 치매를 앓아 요양병원에 아내를 보낸 지인, 같이 운동을 다니는 지인, 일찍 남편을 잃고도 건강하게 백 세 인생을 사는 지인, 저녁 식사 잘하고 주무시다 세상을 떠난 지인, 젊었을 때는 건강할 것 같았는데 일찍 세상을 떠난 지인, 뒤늦게 건강에 관심을 두고 운동하는 지인의 모습을 보게 된다.

시간을 내어 아내와 같이 산책하려고 한다. 꽃향기를 맡고, 가지 않은 길을 걸으면서 추억도 만들며, 돌아오는 길에는 추억의 식당에 들러 음식도 먹으려고 한다.

운동하자면 싫어하는 아내지만, 농장에 가서 시간을 보내자면 활짝 웃는다. 농장 주변에는 산책할 수 있는 공간이 많다. 옛날 추억도 이야기하고 건강도 챙기며, 아름답고 붉은 저녁노을을 만드는 태양처럼, 황혼을 장식하고자 한다.

행복한 삶

부부가 한평생 살다 보면 좋은 날만 있는 것이 아니다. 때로는 서로 마음 아픈 일도 있을 수 있고, 서운한 때도 있으며, 서로 맞지 않아 언쟁을 높일 때도 있다. 다음 날에 생각해 보면 언쟁 높일 일도 아닌 것을 가지고 왜 그랬는지 후회한다.

아내가 모임이 있다고 하여 자동차로 모임 장소에 내려주고 복지관에 간 적이 있었다. 아내는 자동차에서 내리면서 행복해했다. 많이 힘든 일도 아닌데, 왜 그동안 못했는가 반성한다.

황혼 무렵이 되어 생각해 보니 작은 것이라도 챙기면서 살고 싶다. 아침 식사를 아내가 차려주면 고맙다고 말하고 밥을 먹고 나서는 아내에게 물을 따라주며, 청소하는 아내에게 고생했다는 말도 건네면서 살고 싶다.

행복은 먼 곳에 있지도 않고 돈으로 살 수도 없으며 몰래 가져올 수도 없다. 행복은 내 옆에서 내 마음먹기에 달린 것이다. 즉 차와 과일을 준비해서 같이 먹기도 하고, 텔레비전을 같이 보면서 웃고 이야기를 하는 것이다.

시간이 점점 줄어들어 걱정이다. 진작부터 만족하고 살았으면 아내의 얼굴에도 웃음꽃이 더 많이 활짝 피었을 텐데 하는 생각이 든다. 앞으로는 아내와 같이할 수 있는 것들을 찾아 기쁘고 즐겁고 행복하게 살려고 한다.

베푸는 삶

중요한 것은 가족이다. 예전에는 일만 하면 가족은 곁에 있는 줄 알았다. 정년퇴직하고 보니 자녀들은 분가했고, 손주들은 성인이 되었다. 더 많은 추억을 만들지 못한 것이 후회된다.

아내와 같이 음식점에서 삼겹살을 먹었다. 아내는 무슨 일이냐며 활짝 웃었고, 난 이렇게 좋아하는 것을 왜 자주 못 해주었는지 후회가 되었다. 주변을 보면 동기간이나 형제간에 다투고 왕래가 끊긴 집도 있고, 명절이나 제사에 왕래가 없는 집도 있다. 다들 사정이야 있겠지만 우리 집이 우애가 있는 것은 아내가 베풀었기 때문이라고 생각한다.

황혼 무렵이 되어 생각해 보니 빈손으로 왔다가 빈손으로 가는 인생인데, 베풀고 도우면서 살고 싶다. 은혜와 덕을 베풀다 보면 나한테는 어렵지 않은 일이 상대방에게는 절실하거나 꼭 필요한 일이 될 수도 있기 때문이다.

재능기부나 봉사활동도 마찬가지다. 세상은 혼자 살아가는 것이 아니기에 서로에게 따뜻한 손길이 되어 살아갔으면 한다. 받은 복은 사랑이 있어 고립되지 않고 주는 덕은 이웃이 있어 외롭지 않으며 주고받는 복과 덕은 어질고 너그러운 사회로 이어져 즐겁고 행복하다. 어려울 때 손잡아 주고 서툴 때 이끌어 주며 헤매고 있을 때 베풀어 주면서 살고 싶다.

아름다운 삶

말로 천 냥 빚을 갚을 수도 있지만, 함부로 말하여 낭패를 겪는 사람들을 종종 대한다. 동영상으로 촬영되기도 하고, 스마트폰에 녹음도 되는 세상이니, 잘못을 부정하지도 못하는 세상이다. 말 한 마디로 큰 화를 일으키거나 부부간, 동기간, 친구 간, 이웃 간에도 사이가 멀어지는 경우를 많이 본다.

지혜로운 사람은 험담이나 비방하지 않고 상대방의 이야기를 들어주고 공감해주며 수용한다. 설령 상대방의 의견이 잘못되었더라도 화부터 내지 않고, 경청하는 자세를 갖는다.

황혼 무렵이 되어 지나온 세월을 생각한다. 무심코 던진 말에 상처를 입었을 아내를 생각하니, 볼 면목이 없고 후회가 된다.

아내가 크게 아프고 난 뒤에서야 큰 상처가 되었다는 것을 반성하게 되니, 더더욱 아내에게 미안하다.

사람들은 원망, 불평 같은 부정적인 생각을 많이 한다. 조금만 더 참고 긍정적인 생각을 하면 좋을 텐데, 나만 옳다고 생각하는 것이 문제다. 급하지 않으면 한 번 더 생각하고 결론이 나지 않으면 하룻밤 자고 일어나서 말해도 늦지 않다.

내가 가지고 있는 욕심과 노여움과 어리석음을 내려놓고 복되게 살고 싶다. 앞으로는 화를 내지 않고 욕심도 부리지 않으며 급한

것과 중요한 것을 잘 판단해 말하면서 품위 있고 아름답게 살려고
한다.

덕행을 실천하는 삶

생각하지 않으면 어제의 삶을 반복하게 된다. 생각한다는 것은
변화할 수 있다는 것이고 행동으로 옮길 수 있다는 것이다. 다만 내
가 살아오면서 형성된 견해는 정견에서 벗어날 수 있기에 한 번 더
인의예지신에 바탕을 두려고 한다. 즉 어질고, 의롭고, 예의 있고,
지혜롭고, 믿음이 있는지 끊임없이 질문을 던지고 질문의 답을 찾
아 움직이는 어른이 되려고 한다.

황혼 무렵이 되어 주위를 둘러보니 한쪽으로 기울어진 세상도 위

힘하고, 다양한 의견이 없는 세상도 불안하다. 어른은 고집을 부리지 말고 이웃을 배려하는 마음으로 세상을 읽어야 하며 어린 사람의 이야기도 들을 줄 알아야 한다.

나 또한 부족했기에 후손들에게 미안하다. 후손들이 공통의 주제나 나아갈 미래에 관해 고민하고 가치 있는 삶을 찾아 몰입하며 올바른 견해를 가지고 삶을 새롭게 통찰하며 살아갈 수 있도록 노년의 어른으로서 도와주고 싶다.

내가 가지고 있는 학문과 연륜을 바탕으로 높은 수준의 도덕적 의무를 수행하며 후손들에게 선한 영향력을 미칠 수 있도록 덕행을 실천하면서 살고 싶다. 이것이 바로 노년의 어른이 살아가는 후회 없는 삶이라 생각한다.

인생을 공수래공수거라 했다. 빈손으로 왔다가 빈손으로 갈 뿐이다. 마지막 갈 때 물질적인 것은 아무것도 가져가지 못한다. 호랑이는 가죽을 남기고 사람은 이름을 남긴다는 말처럼, 이름 석 자에 먹칠하지 않는 황혼의 노년을 보내려 한다.

가난한 선생 **부자 농부**

글 | 이은호
펴낸이 | 이경주
펴낸곳 | 와이즈브레인
표지 & 편집디자인 | 이소영
주소 | 서울특별시 금천구 가산디지털2로 184 벽산디지털밸리 2차 211호
　　　와이즈브레인 : www.wiseQ.co.kr
　　　한국좌우뇌교육계발연구소 : www.BGA.or.kr
전화 | 02-869-0026
팩스 | 02-869-0951

초판 발행 | 2022년 11월 30일

정가 | 15,000원

행복한 어느 노년의 이야기

가난한 선생

부자 농부

행복한 어느 노년의 이야기 가난한 선생
부자 농부

행복한 어느 노년의 이야기 가난한 선생 부자 농부

행복한 어느 노년의 이야기 가난한 선생
부자 농부